第一次这样爱孩子

「教育方法决定孩子的一生」

任艳玲◎编著

地震出版社

图书在版编目（CIP）数据

第一次这样爱孩子：教育方法决定孩子的一生／任艳玲编著.—北京：地震出版社，2012.7

ISBN 978-7-5028-4072-3

Ⅰ.①第… Ⅱ.①任… Ⅲ.①家庭教育 Ⅳ.①G78

中国版本图书馆 CIP 数据核字（2012）第 083872 号

地震版 XM2524

第一次这样爱孩子——教育方法决定孩子的一生

任艳玲 编著

责任编辑：赵月华

责任校对：孔景宽 凌 樱

出版发行：地震出版社

北京民族学院南路 9 号　邮编：100081

发行部：68423031 68467993　传真：88421706

门市部：68467991　传真：68467991

总编室：68462709 68721982　传真：68455221

http：//www.dzpress.com.cn

E-mail：seis@mailbox.rol.cn.net

经销：全国各地新华书店

印刷：九洲财鑫印刷有限公司

版（印）次：2012 年 7 月第一版 2012 年 7 月第一次印刷

开本：787×1092 1/16

字数：213 千字

印张：17

书号：ISBN 978-7-5028-4072-3/G（4750）

定价：28.00 元

前言
Preface

好父母胜过好老师

宋庆龄曾说过："孩子的性格和才能，归根结底是受到家庭、父母的影响最深。孩子长大成人以后，社会成了锻炼他们的环境，学校对孩子的发展也起到重要作用。但是，在一个人的身上留下不可磨灭的印记的却是家庭。"

家庭是孩子一生的第一所学校，是孩子成长的摇篮，而父母则是孩子不可选择的同样也是不可替代的第一任教师。

从孩子成长的实际情况看，父母的很多理念和言行对孩子都起到至关重要的作用，父母的教育方法会影响到孩子的一生。

1993 年，青少年问题专家孙云晓的《夏令营中的较量》震撼了中国教育界。那场较量中，无论是体质还是精神意志，中国孩子都输给了日本孩子。"在夏令营之前，曾问一个 13 岁的北京男孩：'为什么野炊时中国孩子不如日本孩子能干？'北京男孩一针见血地回答了我：'遗传呗！'他还解释说：'爸爸妈妈为了让我进个好学校，让我住在姥姥家。我姥姥有三不准，刀不准我动，电不准我动，火不准我动。我长到 13 岁，火柴也很少划，我家炊都不会，哪儿还会野炊呀？不是我们不想干是不会干，不会干的事怎么比得过人家？'”

由此可见，现在的孩子的动手能力都是比较差的，很大部分原因是由于家长对孩子的过分溺爱，反观这种“爱”不知是爱还是害？诚然，家庭教育在一个人的成长和发展过程中的作用是不可低估的，父母的作用对孩子的影响也是任何人都无法替代的。在生活中孩子会出现各种各样的问题，父母应该怎样应对才能达到教育目的呢，书中就给予了解答。

本书在总的谋篇布局上，以“孩子真的出问题了吗?”“父母的‘爱’是否过了头?”“拒绝家庭冷暴力”“父母的尖酸刻薄会让孩子自暴自弃”“习惯决定命运”“教育孩子，父母要积极借助外力”“奖惩并用的艺术”“及时纠正孩子不好的苗头”“用心与孩子沟通”“与孩子一同成长”等十个方阵为框架，列出“正确看待孩子追星”“认真倾听孩子的心里话”“言语过激会伤害孩子的自尊”“不要偷看孩子的日记”“从小养成与人合作的习惯”“对孩子进行必要的性教育”等教育中容易出现的问题，并且一一给予“追根溯源——事例分析——解决方法”三个步骤的解答，层层深入，纵横交错，引人入胜。

书中所述均来自于实际生活，来自孩子成长过程中的实践和问题，看得见，摸得着，家长能够真真切切感受得到。

总之，父母担负着教育下一代的重任，既要帮助孩子克服生活中的缺点，又要帮助他们树立正确的人生观、价值观。要做好这些非常不容易，那就让我们一起努力吧！

目录
Contents

上篇

为人父母，你准备好了吗？

第一章　孩子真的出问题了吗 / 2

允许孩子有自己的见解、主张 / 2

让孩子从小学会自理 / 6

纠正孩子爱发脾气的毛病 / 10

放低姿态，蹲下来听孩子说话 / 15

对孩子爱提问题不要嫌麻烦 / 19

不强迫孩子做他不愿意做的事情 / 21

正确看待孩子追星 / 26

第二章　父母的“爱”是否过了头 / 30

不要替孩子包办一切 / 31

不要对孩子过度保护 / 34

不做唠叨家长 / 38

孩子哭闹时别轻易妥协 / 41

“陪”读才能学习？/ 45

第三章　拒绝家庭冷暴力 / 49
不要对孩子太冷淡 / 49
对孩子别太严肃 / 53
不能用“物质补偿”代替“感情补偿” / 57
认真倾听孩子的心里话 / 61
不要漠视孩子的孤独 / 65

第四章　父母的尖酸刻薄会让孩子自暴自弃 / 68
不要轻易否定孩子 / 68
别拿高标准压孩子 / 74
言语过激会伤害孩子的自尊 / 79
别拿孩子的缺点来说事 / 83
不要把孩子当成夫妻吵架的出气筒 / 87
不要偷看孩子的日记 / 91
不要让孩子的假期比上学还累 / 95

中篇

为人父母，该出手时就出手

第五章　习惯决定命运 / 100
养成读书的习惯 / 101
养成勤于体育锻炼的习惯 / 106
培养孩子勤俭节约的习惯 / 111

幽默风趣是一种人生态度 / 116
乐观向上的习惯有力量 / 120
从小养成与人合作的习惯 / 125

第六章　教育孩子，父母要积极借助外力 / 132
夫妻合唱一出戏 / 132
借助激赏让孩子自信起来 / 137
巧用隔代长辈做亲子间的润滑剂 / 142
利用社会反面形象让孩子自律 / 146

第七章　奖惩并用的艺术 / 152
奖惩不可混淆且要讲究艺术 / 153
表扬和批评都要用对地方 / 156
微笑看待孩子的失败 / 160
当孩子犯错时，父母先不要愤怒 / 164
让孩子适当发泄 / 168
父母不要对孩子施加太多压力 / 173

第八章　及时纠正孩子不好的苗头 / 176
对孩子的任性不可放纵 / 176
对孩子的说谎需要警醒 / 180
对孩子的自私要调查原因 / 183
对孩子的懒惰要根治其里 / 186
对孩子的浪费要及时阻止 / 190
对孩子的失礼要谆谆教导 / 195
对孩子的骄傲不可助长 / 199

下 篇

为人父母，做好孩子的榜样

第九章　用心与孩子沟通 / 204

父母主动向孩子敞开心扉 / 205

放下家长的架子 / 209

站在孩子的角度看问题 / 215

“尊重”比成绩更重要 / 222

没有秘密的孩子长不大 / 227

父母要勇于承认错误 / 230

第十章　与孩子一同成长 / 233

培养孩子的孝敬心 / 233

孩子的独立来自父母的培养 / 237

家庭责任感要从小培养 / 240

培养孩子宽容待人的美德 / 244

培养孩子的爱心 / 248

对孩子从小进行理财教育 / 252

对孩子进行必要的性教育 / 255

上篇

为人父母，你准备好了吗?

相信每一个父母都不会忘记孩子呱呱坠地的时刻，那种初为人父、人母的激动和喜悦，是任何语言都无法描述的，是一生中最甜蜜的时刻。当一个新的小生命出现在你的身边时，你的生活变得和过去完全不同，孩子的一举一动都牵动着你，让你时刻都记挂着他。你观察着他的情绪，揣摩着他的意愿，显得很茫然，甚至还有些手足无措。

但是，随着孩子渐渐长大，教育的问题也日益凸显，好的教育方法使孩子受益终生。所以，作为父母，作为肩负教育下一代责任的父母，你做好接受这一艰巨任务的准备了吗?

第一章 孩子真的出问题了吗

“孩子出现问题了！”当这类话语频频出现在报纸、电视上的时候，家长们的视线也因此被牵引。什么是“孩子的问题”？一般我们认为，“孩子的问题”是指那些由于受到家庭、学校、社会等方面的不良因素影响及个人自身问题，在心理、行为、认知和学习方面偏离正常状态的孩子。由此我们不得不思考：“孩子的问题”根源究竟在哪里？问题真在孩子吗？孩子在成长过程中必然会遇到很多棘手的问题，也许让家长们很恼火，也很惊慌，但是家长们在关注孩子身上出现的问题时，不应该只从孩子的身上找，更应该挑挑自己身上的毛病。也许，正是自己身上的某个习惯、某个问题让孩子出现了问题！

允许孩子有自己的见解、主张

中国的父母大多喜欢自己的孩子听话，认为只要孩子听话就什么都好说。其实这是一种变相的霸权，听话的孩子没有主张，家长便于管理。还有很多家长喜欢为孩子包办一切事物，像在家里替孩子准备书包、物品、收拾床铺、送上车，等等，不胜枚举。甚至有些孩子考上了大学，自理能力还是特别差，就是因为在之前的生活中都是父母包办，他们虽然已经成年，但是心理尚没脱离父母的照顾，凡是生活上的事情都需要父母来操办。

小明上高中的时候，由于学校是封闭式管理，学生95%都是住校。与她一个寝室的同学李某，她的所有的衣物，包括袜子、内衣裤等都是每周父母来取回家再洗。高中三年，李某只给自己洗头、洗澡，衣物都是父母洗的。

上文中的李某之所以如此，原因有二：一是孩子从小没有这个习惯，家长没有给孩子创造劳动的条件；二是家长认为孩子应该以学习为重，家务什么的就由父母代劳。

现在很多孩子让父母包办了一切，没有自己的见解和主张。的确，一个温驯听话的人步入社会后，不容易与他人发生意见、冲突，尤其是对上级百依百顺，容易博得一些上司的欢心。女孩子更是如此，将来结婚后能听从丈夫，可以当一个好妻子。但是，要求孩子听话，实际上是使孩子丧失了独立性，而变成了一个没有责任感、不用头脑而怯懦的人。当然，这样的孩子也许在某种特定的社会里，可以做一个很好的工具。但是，一个温驯的工具是要被多元的、开放的社会所淘汰的。所以，每个人都应当有自己的见解和主张，不能一味地服从。

有一篇网络文章《你有选择的权利》，是一个华侨写给中国孩子的。这篇文章告诉中国的孩子们有自己选择的权利，但是中国的孩子们虽然有选择的权利，可是大多数父母们却并没有将这种权利赋予自己的孩子。他们喜欢替孩子做主，按自己的意愿规划孩子们的人生道路。就是在日常的事情上，也时常剥夺孩子的自主权。

有时候买衣服，孩子和父母的眼光不一样。孩子看衣服都要好看的，注重样式，而质量好与不好无所谓，而父母总是要买质量好的，样式则放在次要考虑范围，本来孩子觉得不好看的衣服，可是妈妈却硬要孩子去试穿。妈妈们经常说的就是“穿上试试吧”。如果孩子说不好，妈妈们就会发脾气，说孩子审美怎么怎么样，什么都看不上，通常把简单的事情上升到一个高度，并且言语过激。

这类事情屡见不鲜，妈妈们对这样的事情都不怎么在意，不认为自己的行为有什么不对。她们喜欢替孩子包办一切，包括生活中的一切。但是，经常让孩子处于依赖和安全感中，对孩子的成长反而不利，如果一旦父母有疏忽，或孩子离开了父母，他们就会束手无策。

一个人在成长的过程中，不可避免地会有成功，也有失败和失误。而且通常是经过无数次的失败，才能获得较大的成功。这就是古人所说的“失败乃成功之母”。孩子的成长也是一样，大人应放手让孩子在他生活的小范围内自理，让他失败，碰钉子，这样孩子就会从失败中吸取教训而成长起来。如果从小一切都由父母包办，孩子感到一切都可以依赖父母，形成依赖性，那样反而容易出事。

我们经常会看到这样的画面：滑雪场里经常发生的骨折事故，大都发生在和缓的斜面，而不是在陡峻的斜面。建筑工人从脚手架上失足跌落的意外事件多发生在接近地面的地方，而不是在高处。这些都是因为越是不大危险的地段，人们的安全感不强反而造成心理上的松弛和注意力的分散。

所以，为了孩子的健康成长。我们应该从小培养孩子拥有自己的见解和主张。父母在孩子表达自己的意见时，绝对不要用“你要听爸爸妈妈的话，好孩子！”来压他。要允许孩子有自己的见解和主张，不要把自己的意志时刻强加于孩子，仿佛只有自己才是正确的。即使父母发现或认为孩子所说的话不对，也应该允许孩子说话，因为孩子的想法和主张不正确是常有的，父母可以加以解释和纠正。

因为这正是教育和培养孩子独立思考的好机会，只是语气应该亲切，这样的话就可以纠正孩子的错误主张，培养出孩子正确的观念、独立的思考能力和灵活的头脑。

想要培养有主见的孩子，父母应该怎样做呢？

其一，不要用“听话”来称赞孩子，要根据实际情况选用别的词语。

例如：“听话，咱不要买那个玩具，好吗？”可改为：“你没有买那个劣质的玩具，你知道爱惜自己了，妈妈真高兴。”

其二，不要用“不听话”来呵斥你的孩子，要根据实际情况选用别的语汇。

例如：“你这孩子怎么这么不听话，不让你拿这个玩，你偏拿，存心作对是不是？”可改为：“你要是先把作业做完，再拿这个玩具玩，那一定会玩得更开心，也不用晚上再补作业了，是不是？”

其三，在生气的时候也要冷静下来，听从孩子的辩解，不要轻易说“住嘴！你怎么就是不听话”来呵斥孩子。要给孩子机会来表达他的观点和想法，不要压制孩子。

其四，在语言上不要吝啬夸奖孩子。

其五，父母在心里应该时时警惕，如果发现孩子一味顺从大人，而自己却不是信任孩子，锻炼孩子主动地去思考，独立做决定，就应该给自己敲响警钟。

让孩子从小学会自理

李惠的爸爸常年在外地出差，教育孩子的任务就落在了妈妈身上。妈妈一直认为对孩子有所亏欠，因此对李惠关爱备至。

从小时候起，妈妈就宠着李惠，帮她穿衣服、洗涮，吃饭都是把碗端到她的面前。孩子心安理得地接受着妈妈的宠爱，变得很任性，只要妈妈不按照她的意思做，她就会哭闹不停，一点儿也不知道控制自己的脾气。

李惠上学了，她让老师和同学都感到头疼。大家一起吃香蕉的时候，她竟然不知道香蕉是要剥皮之后才吃的；别的同学不小心碰着她了，她就会哇哇大哭，让老师束手无策。此外，李惠的动手能力和学习能力也比其他同学差。

从上面的事例中我们不难看出现在孩子的缩影，可以说，现在的孩子都是在家长们的保护下成长起来的，别说让孩子们亲自动手去料理自己的事物，就是碰一下，爸爸妈妈、爷爷奶奶都心疼得要命。因为现在的孩子大多是独生子女，家长们视若掌上明珠，尤其在城市家庭当中，家长们溺爱孩子，处处迁就、保护使得孩子的自理能力特别差。

据《中国教育报》报道，在日本，从1998年起，文部省和通产省合作在小学实施“就业与创业教育”。日本小学有个“早起会”，敦促孩子们很早起来，利用早上课前两三个小时搞勤工俭学，给人送报纸、餐饮，这既是培养孩子的自理能力，又是对将来的创业的一种准备和尝试。

现在社会上有一种普遍的认知，父母们认为只要孩子学习好了，就可以对其他方面视若无睹，都不在乎了，这是教育的误区。学习固然重要，但是孩子总是要离开父母，进入社会，那这个时候，他们又该怎么办？难道也要到书本当中去找如何去做，也要让父母代劳？其实这个时候孩子是要靠自己的，要靠自己从小学会这种能力，而这种能力的培养应该是父母在孩子进入社会之前就让孩子学会自我管理。

当然这种管理能力不是一天两天、一年两年就能培养的，它是循序渐进的过程，但是父母应该认识到这种自理能力培养的重要性。

一份调查问卷显示，98%的父母担忧孩子的自理能力差，这已经成为父母的心病。但是这个心病大多数是由父母自己制造的。

孩子具备了良好的自理能力，就会更好地适应新环境，还可以促进动手能力的发展，建立自信，养成独立的优秀品质。所以培养孩子的自理能力，是父母进行家庭教育的重要内容。

作为父母，我们应当如何去做呢？

1. 培养孩子的自我管理的意识

要想提高孩子的自理能力，首先孩子得有自理的意识。孩子只有有了自理的意识，才能做好自理。因为哲学上说，内因起决定作用，只有孩子意识上认识到自理的重要性才能真正管理好自己的一切。

英国前首相温斯顿·丘吉尔在二战中和二战后，都是世界的风云人物，他的愿望是从政，做首相，为此他进行了长期的准备。他曾担任《晨邮报》的记者，到南非战场采访，并且积极写作，靠撰写文章赢得名声，参与上流社会的社交，结识权贵，发表演讲，树立政治威望……他凭借自己良好的自我管理意识，并且付诸实践，等待时机，最终实现了自己的愿望。

由此可见，一个人只有能够自己管理自己，才能够在社会上有所作为。一个连自己的事情都不能处理好的人，又怎么能够为社会做贡献?

所以，父母要帮助孩子认识到自理是促进个人成长和发展的重要途径。只有这样，孩子才能有效地管理自己的思想、言论和行动的意识，自觉地管理自己，将自己的潜能发挥到最大。

2. 让孩子学会管理自己的生活

孩子除了有意识地管理自己的生活，父母还要教孩子管理自己的生活。父母要通过各种各样的形式让孩子知道，自己已经长大了，要学会自己的事情自己做，不要总是依赖父母。父母还要时常鼓励孩子。孩子只有有信心了，才能管理好自己的生活。

小刚小时候，妈妈总是为他做很多事情。他想自己试着穿衣服，妈妈不同意；他想自己吃饭，妈妈硬是要喂他。小刚觉得自己可以做好生活中的这些小事，他将自己的想法告诉了妈妈，妈妈欣喜于孩子的想法，于是让孩子管理自己的生活。

他第一次穿衣服时，竟然将扣子系错了。妈妈看到很想笑，但是她觉得这是孩子的第一次，于是好好地表扬了他一番，见到熟人就跟别人夸奖一下：小刚会自己穿衣服了。小刚听到夸奖以后，自己的事情自己做的热情更高了。

明年他就要上幼儿园了，妈妈对他一点儿也不担心，她相信孩子会好好照顾自己的。

孩子能否管理好自己的生活，是自我管理能力中最重要的。如果孩子连自己的生活都无法管理，就很难相信他会在其他方面更好地管理自己。

只要孩子可以做的，父母就不要代办。衣服脏了，教孩子去洗；孩子的房间乱了，教他自己去整理。父母可以在小事中逐渐锻炼孩子的自我管理能力。

3. 要让孩子在社会实践中培养

在美国，多样的小型活动是寓教于乐的手段，如组织缝纽扣、洗衣服、刷鞋、叠被子等比赛；让孩子“当一天家，理一天财”；还可利用节假日开展活动，如在迎接新年时让孩子自己动手做贺年片、包饺子等。

这些活动都可以丰富孩子的课余生活，增添生活的乐趣，体验成功的喜悦，锻炼孩子的能力。我们中国的家长也可以借鉴这样的活动来鼓励孩子学会自理。

4. 要让孩子学会管理自己的学习

学习是孩子一生中最重要的事情，孩子除了会管理自己的日常生活，还要学会管理自己的学习生活。现在好多孩子没有很好的学习习惯，比如：不爱护书本，做完作业也不整理好自己的用具，有的孩子甚至连老师留的作业都不会记，每次还得家长给老师打电话咨询作业。

每天一回到家，姜菲就打开电视，看完电视再去做作业，常常做作业到很晚。这天晚上，都到10点了，姜菲的作业还没有做完。

妈妈觉得这样下去，会严重影响她的身体和学习，于是严格规定：她先看电视，后做作业，就以减少她的零花钱为惩罚。在严格的规定下，姜菲自觉地克制自己，回家后先认真做作业，然后再看电视，有时候作业多了就不看电视。姜菲慢慢地学会了管理自己的学习。

父母除了要让孩子学会管理自己的学习，还要给孩子学习的自由，不要代替孩子做作业或帮助孩子检查作业。父母那样做，孩子就会认为那是父母的工作，自己就不会检查作业了，对学习的兴趣也会降低。父母要让孩子学会自己学习、自检作业，锻炼孩子的自我管理能力。

父母还要注意，有的时候孩子的事情比较多，可能和学习发生了时间上的冲突。这个时候，家长就应该帮助孩子调整做事的先后顺序，使所有的事情都能够有序进行。这样也是给孩子做一个榜样，让孩子学会调理自己的日常事物。

其实孩子的自理问题，就是孩子的自立问题。如果一个孩子想自立了，那么他就会努力地自理，就会积极地尝试，去培养和提高自理能力。而自立和父母有很大的关系。可以说，有什么样的父母就有什么样的孩子，父母是孩子的第一任老师。父母的言行对孩子起着决定性的作用。父母有很强的奋斗精神、自立精神，孩子就会有这种精神。家长一定要给孩子树立一个很好的榜样。

孩子的心灵是一块神奇的土地，播上幸福的种子，就会获得行为的收获；播上行为的种子，就能够获得习惯的收获；播上习惯的种子，就能获得品德的收获；播上品德的种子，就能得到命运的收获。

纠正孩子爱发脾气的毛病

孩子在成长过程中，各方面都很不成熟，遇到不顺心的事情时，会表现出情绪不稳定，会大喜大悲，也会焦躁不安。但是孩子经常发脾气，不利于培养孩子良好稳定的情绪，不利于孩子健康性格的形成。而善于调节自己情绪的孩子，他们会合理把握自己的情绪，知道应该如何控制和释放自己的情绪。

所以，从小培养孩子良好稳定的情绪是很重要的。爱发脾气对孩子健康性格的形成很不利。家长要想改掉孩子爱发脾气的毛病，就要搞清楚孩子为什么发脾气，才能对症下药。

孩子发脾气的原因很多，但不外乎遇到冷落、待遇不公平、为引起大人的注意或所求不遂等。无论哪方面的原因，父母均应认真对待，并采用适宜的办法，使孩子从这些因素中解脱出来。这也需要父母严于律己，反省一下自己的教育态度和教育方法有无不适当的地方，同时父母要多尊重、体贴孩子的感受，努力防止激起孩子的愤怒。

父母遇到孩子发脾气应当如何解决呢?

1. 不要被孩子的脾气所要挟

孩子往往用发脾气来要挟父母，以达到自己的目的。如果父母让步，在孩子面前表现得低三下四、畏首畏尾，或者是出于怜悯、同情、娇惯而屈从，最后以无条件地满足相妥协，这实际上是纵容、强化了孩子发脾气的不良行为。长此以往，孩子的脾气就有可能越来越坏，人也会变得越来越粗暴、任性，成为一个要挟父母的行家，因此父母千万不要被孩子的脾气所要挟，而应采取其他方式消除孩子的脾气。

2. 可以采取转移孩子的注意力的办法

眼看孩子要发脾气，父母迅速地把他的注意力转移开去是很有好处的。但父母的这种努力必须及早地进行才会有效。

比如说，母亲和孩子一起上街买玩具，孩子因母亲没给他买想要的玩具而发脾气。“我们就要过马路了，现在看看有没有车来？看那个骑车的男孩，看见没有？看他穿的衣服多好看，待他过去，我们就过街。听那卡车的噪音，真要震耳欲聋啊！现在我们终于过去了。那么现在我们该往哪边走呢？”因为母亲的滔滔不绝，孩子不愉快的情绪转移了。

3. 也可以直接对孩子提出警告

向孩子提出警告可使孩子了解不按要求做的后果，有助于防止孩子发怒和耍脾气，还可以防止怒气和脾气一发而不可收拾。但要注意避免难以兑现的警告，这样警告才能得到孩子的重视。

如果说“假如你不停止吼叫和跺脚，我就不理你”，难以做到，不如说“如果你继续这样，你的嗓子会吼哑，脚也会跺疼。”孩子就会重视你的警告，因为他确实能感到嗓子不好受，脚有些疼。当然，孩子有时也会对警告习以为常，不予重视。这时，采用幽默性的警告效果会更好一些，如上例警告可以这样说：“注意！你把地板弄疼了，刚才你听到它的哭声吗？”

4. 要求孩子认错

孩子发过脾气之后，坚持要求他认错确实是好办法。它标志着愤怒的终结，并有助于孩子恢复正常而不是老绷着脸。认错还有助于家人之间关系的恢复。孩子认错时态度是否诚恳，语调是否正确都不那么重要。要求孩子认错的主要原因是，它对孩子懂得发怒之后如何使情况恢复正常有好处。家里的成年人若能在发怒和冲动之后认错、道歉，对孩子也有帮助。这就是对孩子的身教。在争论和爆发脾气之后，进行调和对于有关各方都很重要。它使孩子懂得在不危及彼此关系的情况下，如何结束争论。

5. 暂时不予理睬

孩子很难在独自一人的情况下耍脾气，脾气的爆发总是有对象的。所以如果任由孩子去号啕、跺脚，自己转身离开房间，孩子的脾气就不会持续太久，如无意外，事情就是如此！但是如果孩子正在伤害他自己或是损坏别的东西，是不能置之不理的，若把孩子留在那里，危险较大，必须把他弄到安全的地方。如此几次之后，孩子自然就会领悟到，靠执拗、任性、发脾气是不能实现自己不合理的愿望的。因此父母便可以慢慢地晓之以理，使孩子改掉说一不二、为所欲为、执拗任性等不良习惯。

6. 父母还要帮助孩子找到适当的宣泄方式

如鼓励孩子把不开心的事情告诉父母或其他人，以缓解内心的不快，还要教孩子不要轻易流露出自己的情绪，要学会用合适的方式来暗示自己。

有个小男孩脾气很暴躁。有一天，爸爸给了他一袋钉子，告诉他，每次发脾气或者和他人吵架时，就在家里的篱笆上钉一根钉子。第一天，男孩钉了37根钉子，以后的几天，他稍微学会控制自己的情绪了，每天钉的钉子也变少了，并且他发现，控制自己的脾气并不难。

终于有一天，他一根钉子都没有钉，他高兴地把这件事情告诉了爸爸。爸爸对他说："以后只要你一天没有发脾气，就可以拔下一颗钉子。"日子一天天过去，最后钉子都拔光了。

他高兴地带爸爸来到篱笆边。爸爸语重心长地对他说："孩子，你做得很好，但是你看看篱笆上的钉子洞，这些洞永远也不会恢复了。就像你和一个人吵架，说了些难听的话，好像是在他人心里留下了一个伤口，无论你怎么道歉，伤口总是在那儿。你的朋友是你宝贵的财产，所以不要去伤害他们。"

父母只有让孩子学会管理自己的情绪，孩子才能逐步纠正发火、骂人、说脏话等不良习惯。

还有，在孩子犯错误时，特别是犯"滑稽"的错误，家长不要只顾好笑，应该告诉孩子错在哪儿，分析为什么错。

此外，父母还要注意在日常生活中培养孩子乐观、幽默的性格，以此来让孩子学会管理自己的情绪。

除了以上针对孩子的具体情况具体对待之外，家长还要注意自身的言行。家长的言行是孩子行为的一面镜子。

1. 家长的教育态度要一致

当孩子发脾气时，千万不要在成人中间形成几派，有人不理睬，有人去哄劝，有人离孩子而去，还有人跑到孩子面前讨好，更不要当着孩子争论。如果父母意见不统一，什么措施都没有意义，双方会相互削弱对方措施的效果。

比如，当爸爸在干预发火的孩子时，妈妈切记不能说“不听爸爸的话”“不和爸爸好”“爸爸坏”之类的话；或者当妈妈教育孩子时，爸爸不要打断母亲的话而为孩子辩解、说情等。

家长要知道，那样不仅不能从根本上使孩子受益，还很容易使孩子不尊重父母中的一方，甚至有损家长应有的威信。所以，成人彼此之间一定要沟通好，一旦孩子发脾气，全家人采取一致的态度。

2. 家长切记自己不要经常发脾气

有一次，在商场的玩具部，有个妈妈突然抬高声音说：“上个星期刚买过，又要买！”俨然在告诉大家，我的孩子不讲理，我不给他买的原因是刚买过，不是不给他买。我觉得这个妈妈有点心虚，不给孩子买玩具有什么丢脸的？不买就是不买，给孩子讲清道理就行了。可她的方法有点走样，而孩子又非要不可，她就拖着孩子向外走，孩子则闹着往里拽。妈妈脾气大发，啪啪打了孩子两下，孩子哇地哭了起来。于是，这个妈妈不由分说拖着哭着的孩子慢慢消失在人群中。有了这么一个好发脾气的妈妈，不想让孩子发脾气都难。

因此，为了培养孩子良好的性格，不乱发脾气，家长一定要以身作则，为孩子创设一个良好的家庭环境氛围，让孩子保持积极情绪，控制不良情绪的爆发。

放低姿态，蹲下来听孩子说话

我们经常会听到有些父母抱怨孩子不听话，而且这样的父母对孩子也总是以责骂为主。只是这些家长有没有认真地听孩子说过话？人都需要有倾诉的对象，成长中的孩子更是如此。

父母应该放低姿态，蹲下来听听孩子的声音，这样做才是在表达对孩子的尊重和关心，也会促使孩子增强自信心，提升自己的能力。

放低姿势，蹲下来听孩子说话，不仅仅是一种教育方式，更是一种教子态度。父母和孩子说话，最主要的是平等和真诚。蹲下来听孩子说话，孩子会感到自己受到尊重。

父母对孩子的尊重，也会赢得孩子对父母的尊重，孩子会自觉地对父母说出自己的心里话。这样一来，父母可以及时了解孩子的情况，教育效果会更理想。

很多父母认为孩子是自己的“私有品”“附属品”，喜欢用自己的权威地位对孩子颐指气使，这样反而激起孩子的逆反情绪。父母要想创建温馨、民主的家庭环境，就必须了解孩子、理解孩子，而蹲下来听孩子说话是了解、理解孩子的最好方法。

在西方国家，很多父母在孩子很小时就成了孩子的朋友。他们在和孩子说话的时候，都会蹲下来，和孩子处于同一水平上，并会使用身体语言，比如牵着孩子的手，亲切地注视孩子，和颜悦色地听孩子说话。这样无论对于父母还是孩子，都是愉快的情感体验。

父母要知道，孩子虽然很小，但是也有自己的独立思想。他是独立的个体，我们要尊重他们，而蹲下来与孩子平等对话，就是对孩子所表达出来的尊重。

爸爸妈妈们放下架子，与孩子平等地对话，孩子会觉得，爸爸妈妈很尊重自己，说话时也会很舒心，有安全感，这样会让家长和孩子之间的沟通更加顺畅，对于改善亲子之间的关系很有帮助。

黄敏今年上小学四年级，最近妈妈发现她经常一个人闷闷不乐，不像以前那么爱说爱笑了。妈妈想孩子心里一定有什么事情，所以决定和她好好谈一谈。

吃完晚饭，妈妈拉着她的手说："我女儿最近好像很不开心，走，妈妈带你去公园散散步。"黄敏一路上都没有说话。

妈妈和黄敏坐到一条长椅上，黄敏靠着妈妈的肩膀，说："妈妈，我总觉得这件事不好说，怕您不理解。我最近经常给我的同桌讲解难题，可是他却说喜欢上我了，我不知道该怎么办。"说着哭了起来。

妈妈拍着她的肩膀说："孩子，别哭了，这说明你长大了。妈妈和你一样大的时候，也经历过这样的事情。我告诉他，我需要一个他这样的哥哥，后来他真的成了我的哥哥。"

妈妈继续说："我建议你和他说清楚，做朋友挺好的，可以相互帮助和学习。妈妈相信那个男孩会想通的。如果你有什么困难，妈妈会随时帮助你。"黄敏听了妈妈的话，心里感觉很轻松，又恢复了往日的笑容。

其实，这样的事情生活中有很多，黄敏的母亲就巧妙地处理了。

她有效地和女儿进行沟通，尊重女儿的隐私，并且像朋友一样进行交谈，得到了女儿的尊重，并且女儿和她说出了自己的困惑，走出了困境。

在很多的家庭里，父母都是居高临下地对待孩子的，想要做到和孩子平等，并且能够心平气和地蹲下来听孩子说话并不容易，父母平常应该怎样做呢？

1. 和孩子交流要放平心态

小强今年7岁，平时总是仗着自己的年龄小，行使某些特权，这让妈妈很担心，怕给他以后的生活带来影响。

为了增加和孩子的亲近感，妈妈蹲下来和小强耐心地沟通，告诉他其实每个人都是平等的，任何人都无权去享受别人没有的权利，要学着把自己当做普通的一员。

小强听了妈妈的话，看到妈妈对自己的真诚态度，对自己以前的行为感到惭愧。他用主动帮妈妈做家务的方式来“惩罚和教育”自己。妈妈这样平等地对待孩子，和孩子做朋友，取得了不错的教育效果。

由此可见，父母在平常的生活中与孩子交流时，要放低姿态，和孩子处在一个平等的平台上，这样孩子就有被尊重的感觉，孩子也会自觉地改掉自己的毛病，而且和父母们的关系也会缓和。反之，家长们总是一副高高在上的感觉，以训斥的口吻和孩子说话，会让孩子反感，不会和父母进行有效的沟通，也就解决不了当前面临的问题，自然不会达到预期的教育效果，并且破坏了父母在孩子心目中的形象。

2. 与孩子交谈时态度要诚恳

乐乐个子长得矮，比同班同学要矮一截，为此她很自卑，很少主动和爸爸妈妈交流，在外人面前很少说话，在学校里的表现也不积极。

这天，家里来了客人，乐乐又躲进自己的屋子去了。妈妈走进孩子的房间，蹲下来和她交流。因为乐乐矮，妈妈蹲下来正好眼睛能和她平视。乐乐的内心得到了尊重，也就能听进去妈妈的教育和建议了。妈妈建议她出去跟客人打个招呼，乐乐就出来向客人问候。妈妈对孩子的尊重，让乐乐变得开朗多了。

孩子虽然很小，但是他们的内心其实是很敏感的，在他们幼小的心灵很重视父母对他们的态度。家长们与孩子交谈时一定要态度诚恳，这样才能让孩子在心理上和人格上有被尊重的感觉。

让孩子感觉与父母交谈很诚恳，那就是爸爸妈妈蹲下来与他们说话，并且不要用命令的口气。如果家长用压制性的口气和孩子说话，孩子可能会表面附和，但是心里并不服气。所以聪明的家长就应该以诚恳的态度与孩子说话。

3. 身与心要同时蹲下来

王强眼睛近视，可是在班上的座次很靠后，上课时没法看清黑板上的字，导致成绩很不理想。王强是个内向的孩子，没有对老师提出自己的要求，也没有告诉父母。

最近一次家长会开完后，妈妈对孩子的成绩很不满意。回家后，妈妈看见王强乖乖地在等待自己的批评，她的心一下子软下来了。她调整了自己的情绪，尽量对孩子保持平静。孩子看到和颜悦色的妈妈，主动将自己成绩低的原因告诉了妈妈。

妈妈了解到孩子的难处，及时和老师进行了沟通，老师将他的位置调到了前面。一个多月后，孩子的成绩有了很大的提升。

很多父母其实心里是知道应该对孩子尊重和理解，不要对孩子颐指气使，但是碍于面子，不想那么做；还有的家长表面上对孩子身体上蹲了下来，但是精神上和心理上还保持着高高在上的优越感，这就使得孩子虽然看到了父母的亲密动作，却无法体验到父母的真诚。

在家庭中能够得到平等对待的孩子，才具备在社会上独立生存和处理问题的能力，对以后的进步和成功有着积极的意义。所以，父母在蹲下身体的同时，心灵也要蹲下来。

对孩子爱提问题不要嫌麻烦

在成长的过程中，孩子会有很多问题需要父母解答，家长需要特别有耐心。因为您关注的不应该是教育效果是否“立竿见影”，更应该关注是否给予了孩子快乐。

调查显示：儿童三四岁的时候，是最喜欢发问的时候，也是儿童智力发育的重要时期。到了小学低年级，孩子开始接触书本，求知欲和好奇心增加，于是常问父母为什么：为什么应该变成这个样子？它是怎样变来的？父母这时可能会因一时答不出而斥责孩子，或因有事而嫌弃孩子厌烦！“我现在很忙，没有时间跟你讲。”或者干脆骂：“你怎么这么啰唆，别再问了。”或“只有你的问题多，下次不带你出来了！”甚至是“去去去，不要问个没完，长大了就会知道的。”

父母在教育孩子的时候，对孩子提出的问题不要用粗暴的语言来应付，因为粗暴态度会让孩子很伤心，会扑灭和冷却孩子开始萌生的求知欲和日益增长的好奇心。如果这种情形反复出现，孩子就会逐渐对一切都不感兴趣。当然，在学校里对新的功课也不会产生什么强烈的兴趣了，尤其是当功课有了一些难度的时候，更是容易心灰意懒。有的时候，家长会问孩子怎么这样，孩子的答案往往是：我问你们，你们还嫌麻烦，我不问就是了。

平日里的倩倩整天小嘴不停，就像一个小“十万个为什么”。放了暑假呆在家里没有小伙伴分享问题，爸爸妈妈一回到家，她就追着大人说这说那。但是爸爸妈妈劳碌了一天，回到家里又要做家务，好不容易闲下来想歇歇，倩倩又跑过来缠着妈妈问这问那，妈妈就会很不耐烦：“乖女儿，别吵了，让妈妈静一会儿!”妈妈没有注意到倩倩脸上失望的表情。

生活当中经常会发生上述事情，家长们也认为是稀疏平常的事情，并没有放在心上，认为很正常。但是，当孩子提出问题时，有的父母嫌孩子缠人，采取上述做法，打击了孩子的求知欲这是很错误的。所以，父母应该重视孩子的发问，并且加以鼓励。因为孩子有问题要问正好说明孩子善于观察问题，也很想解决问题，这是通往成才的必经之路，说明孩子善于思考，家长们应该高兴，不应该打击孩子的积极性。如果老是去扼杀孩子求知的欲望，孩子会因为怕被父母责备而不敢再提问题。

父母应当理解孩子。因为孩子的智力有限，理解力有限，当孩子提出问题时，父母千万不能嫌麻烦，要鼓励、表扬孩子肯动脑筋，同时，要认真地和孩子一起探寻问题的答案。当问题太难时，可以直接把答案告诉孩子。如果问题不是太难，父母要对孩子进行启发，鼓励孩子从多个角度去观察、去思考。当不能正确回答孩子的问题时，不可以随便编个理由敷衍，更不可违背科学乱讲，有些问题一时实在无法回答，这时也不妨坦白地向孩子承认：“妈妈不知道。”或者“妈妈也不清楚，将来我问清楚了，再告诉你。”或者说：“你好好用功读书，将来你自己就会了解的”。这样做并不是什么丢人的事情，因为一个人本来就不可能什么都清楚，同时也不应该忌讳向孩子说明父母读的书不多，过去没有条件上大学，等等。更重要的是，这样做可以从小教育孩子对科学和学习应该采取老实的态度：知之为知之，不知为不知。让孩子从小养成一种实事求是的精神。

英国著名的发明家詹姆斯·瓦特，1776 年制造出第一台有实用价值的蒸汽机。这正是由于瓦特少年时期看见水壶盖被蒸汽吹动，于是对蒸汽产生了兴趣，而不断研究，最后发明了蒸汽机。

孩子好问是好事，做父母的应该鼓励，不能打击。

不强迫孩子做他不愿意做的事情

家长都希望儿女成才，年轻的父母更是望子成龙望女成凤，现在在家长中间都流传着“不要让孩子输在起跑线上”的言论。所以，社会上大量涌现出各类的学习班，做父母的在儿女的智力投资上更是不惜一切。

随着一天天长大，孩子也开始用已有的知识思考这个世界，思考所遇到的每一件事情，并逐渐产生了自己的想法和观点。父母和孩子的世界确实不同，但孩子在成长的过程中，却一直在向父母靠近。他们对父母的世界发表意见和想法，说明他们有了独立的思考能力，这是非常可贵的。

这个时候，父母应该尊重孩子的想法、理解孩子的心情、倾听孩子的诉说、不强迫孩子做他不愿意做的事情，在孩子想要发表自己的想法和观点时，给予积极的赞赏和尊重。父母的赏识和尊重不仅可以进一步锻炼孩子的思考意识和表达能力，还可以通过倾听孩子的观点，发现和了解孩子的真实想法，从而纠正孩子成长过程中的一些错误思想。

父母千万不要忽略或者压制孩子的想法，逼迫孩子去做家长认为对的事情，不要总是按照自己的思维方式来要求孩子做事情，而是要倾听孩子所说、所想、所求，允许孩子把自己的想法表达出来。

美国总统富兰克林出生在一个民主的家庭中，他们住在纽约美丽的哈德逊河谷的海德庄园里。小时候的富兰克林与外界没什么接触，但是他却在庄园里玩得很开心。

幼年的富兰克林非常幸运，妈妈总是非常尊重他的想法，不强迫他去做一些自己不喜欢做的事情。在一些非原则性的问题上，妈妈只是给富兰克林提些建议，她完全尊重富兰克林自己的意愿和想法。这不仅促进了富兰克林和妈妈之间的关系，而且使富兰克林从小就非常有主见。

母亲萨拉在富兰克林出生后不久就开始记日记，20 年来从未停止。

在日记上，萨拉记录了富兰克林两岁半时的一件事情：

“有一天，一家人围在餐桌边吃饭。调皮的富兰克林把盛牛奶的玻璃杯边沿咬掉了一大块，我立即将他推出餐厅，从他嘴里掏出玻璃碎片，并严厉地教训了他一通。

当我觉得他已经认错了才让他回到餐桌上来。可是一会儿，他又拿起刚换上来的高脚玻璃杯，闪着调皮的目光假装再去咬他。‘富兰克林！你的顺从哪里去了？’富兰克林庄严地回答道：‘我的顺从已经上楼去了。’”

萨拉经常自豪地对周围的人说：“我的儿子是德拉诺家族的人，根本不是罗斯福家族的人。”

幼年的富兰克林长着碧蓝的大眼睛，鼻梁挺拔端正，一头金色的卷发，显得英俊、神气，很招人喜欢。妈妈很喜欢富兰克林这头漂亮的卷发，并喜欢用各种服装来打扮年幼的富兰克林。但是，妈妈为他选择的衣服，富兰克林并不喜欢。

有一次，妈妈想给富兰克林穿带花边的套装，富兰克林大胆地说出了自己的不满。

还有一次，妈妈想说服富兰克林穿苏格兰短衫，富兰克林又拒绝了妈妈的好意。最后，富兰克林和妈妈一致同意穿水手服。

关于这段故事，萨拉在她的《我的儿子富兰克林》一书中这样写道："父母们对于衣饰的品位虽然高雅，可是父母们执拗的儿女却并不喜欢。"可敬的是，富兰克林的妈妈并没有强迫孩子听从自己的安排，而是非常尊重孩子的意愿和想法。

萨拉是这样解释的："我们从来不曾试图对他施加影响，来反对他的喜好，或者按照我们的模式规定他的人生道路。"事实上，富兰克林在这方面确实有很大的自主权。

在5岁的时候，富兰克林忧郁地对妈妈说："妈妈，我并不快乐，因为我并不自由。"萨拉想是不是对孩子太过严格了，导致孩子反抗对他的管制，于是，萨拉决定多给孩子一些自由。

第二天，萨拉就开始这样做了，她对儿子的日常生活不作规定，让富兰克林自由地做事情。

富兰克林似乎很高兴，并开始了他的自由生活。结果，富兰克林发现，受人忽视的自由其实一点儿都不好玩，后来，他开始了让妈妈安排日常的生活。

事后，萨拉是这样描述当时的情况的："他对我们置之不理，以此证明他对自由的渴望。那天晚上，他成了一个疲惫不堪的脏小孩，累得拖着脚回到了家。我们也不问他去了哪里或是干了什么。第二天，他自愿地按平时的日程作息，并且觉得心满意足。”

其实，富兰克林的母亲是聪明的，正是她知道并了解到此时不应该强迫富兰克林，不把自己的愿望、意志强加给他，让他做自己喜欢的事情，才避免了母子之间产生更大、更多的矛盾。这才是富兰克林母亲的成功之处。

后来，渐渐长大的富兰克林想把自己的卷发剪掉，尽管萨拉非常喜欢儿子的卷发，但是她还是同意了富兰克林的请求。

萨拉说：“我们想培养他具有独立精神与责任感，而波浪式的卷发确实与这些品质不相匹配。”萨拉非常理解儿子的心情，帮助儿子实现了走向成熟的一步。但是，萨拉保留了儿子的几缕卷发，并把它们与富兰克林幼年时期的其他纪念品放在一起珍藏。

这个例子告诉我们，在孩子的成长过程当中，不要老是克制孩子的行为。富兰克林的母亲知道怎样尊重孩子的想法，适时调整母子之间的关系，不强迫孩子做他不愿意做的事情，满足孩子的要求，给孩子足够的空间。我们不要老是对孩子说：“你这样不行。”“你应该这样……”“不听老人言，吃亏在眼前。”而是应该经常对孩子说：“我认为……你觉得呢?”“我觉得这样不太好，因为……”这种沟通方法，是将孩子和父母放在一个平等的位置，让孩子感受到尊重，对孩子的将来的发展也是很有好处的。

一个小学生，父母要他学钢琴。每天下午放学，他必须先练一个小时钢琴，然后做功课。星期天更是得忙上一上午，上教师家里学琴。但孩子对弹琴没有兴趣，他看见钢琴就厌恶，几次想把钢琴毁掉，几次反抗：“我不弹，我不要学。你打死我，我也弹不好。”但父母却不顾孩子的兴趣与反抗，一定要孩子学：“已经学了两年了，花了那么多钱了。你应该争气，把琴学好！今后每天不弹熟练习曲，就不许出去玩！”

孩子无奈，为了断掉父母要他学琴的念头，有一天在放学回家时，他用石头砸了自己的一根手指。

电视上星光闪耀的艺术家他们都是从小培养的，普通的百姓都希望自己的孩子能有那么一天，所以从小就对孩子的未来进行规划，但应该注意先从培养儿童的兴趣着手。然而兴趣是因人而异的，绝不能由父母来主观决定或强加于孩子的身上。在幼儿时期，做父母的可以鼓励孩子学习和接触各种事物，如画画、写字、弹琴、跳舞、武术，等等，启发孩子的兴趣，让他们自己产生学习的要求。只有当孩子们自觉地愿意学习时，他们才能把坐在桌前画画、写字、坐在琴前弹琴当做一件乐事，一两小时还嫌少。他们的学习也才会进步。

反之，没有自觉的要求，即使可以强迫一个时期，也不可能持久坚持下去。这是因为一个人不论做什么事情和学习什么东西，只有当他把自己的身心都投入到那件事情上时，才能做好或学好。

所以，做父母的绝不可以滥用自己的权威，强迫孩子做他们不愿做的事。哪怕是好事，父母的要求是正确的，也只能耐心地开导，绝不能一意孤行、强迫、蛮干。

可能有的父母也很想尊重孩子的想法，不强迫孩子去做一些事情，但又不知道怎么样去做，不妨试试下面的方法：

第一，尊重孩子的意愿，给孩子一个自由选择的机会。

尊重孩子的权利，让孩子有选择的机会，并且在尊重的基础上给予正确的引导。

第二，父母在决定之前，先听听孩子的想法，尊重他的选择。

现在的父母都希望自己的孩子兴趣广泛，多才多艺。如果想让孩子学习，就得先接触，再观察，必须是孩子自己喜欢的才行，如果让孩子一次性学习的太多，不但学而无成，反而会破坏他学习的积极性。

第三，父母要有足够的耐心去倾听孩子的想法，不要去压制他的想法，要给他足够的时间和空间，让他展示自己。当孩子有想法和意愿向你倾诉时，你要很认真地对待，不能敷衍了事。

正确看待孩子追星

人的一生都不能没有榜样，孩子更是如此，但是孩子该以谁为榜样，又该如何向榜样学习？这些是值得我们思考的。很多孩子把名噪一时的歌星、影星作为自己迷恋的对象。我们也不能说明星不好，但是孩子们对他们的迷恋偏离了正常的轨道，往往只是迷恋于模仿明星们的外在的着装，一些表象的东西，却不懂得去学习他们获得这些成功所付出的努力。

杨丽娟，甘肃省兰州市人，从16岁开始痴迷香港歌手刘德华，此后辍学开始疯狂追星。杨丽娟的父母劝阻无效后，卖房甚至卖肾以筹资供她多次赴港及赴京寻见刘德华。2007年3月22日，曾经赴香港参与刘德华歌友会，实现生平夙愿，跟偶像合照。不过，其父最后由于杨丽娟的“追星”行为而跳海身亡。

这是一个真实的例子，但这样的事实也是少之又少的。现在的追星现象非常普遍，父母们也都担心青少年盲目追星会导致上例那样的结果，所以面对孩子追星都很矛盾。作为家长如何去做，是阻止还是提倡，就成了摆在面前的难题了！

其实，作为家长，首先要对孩子的“追星”的情况进行实际的分析。成人都会对某一位才能突出或德高望重的人产生敬佩之情，青少年也不例外。青少年喜欢新潮的东西，对新奇的事物特别感兴趣，歌星、影星正好符合他们的要求。如果孩子只是在书中夹带一些明星们的照片，或者听听明星们的流行歌曲，听听演唱会，家长们就不要太过担心，不要横加阻拦，紧张学习之余，听听流行歌曲，让生活丰富多彩些，有利于孩子的健康成长。

其次，如果孩子的“追星”到了如痴如醉、神魂颠倒的地步，就像例子中杨丽娟那样，生活中已经离不开“星”了，张口闭口该“星”怎么样，家长应给予充分重视。因为孩子心理不成熟，阅历浅，感情容易冲动，狂热地迷恋容易使他们做出一些不冷静的事来，严重影响学业，影响身心健康发展。这个时候，家长应该适当地向孩子解释：这些名星其实跟普通人没什么两样，而且，许多人的外在美都是包装出来的，是一种广告行为。作为一个理智的青少年，“追星”可以主要是学习该明星奋斗、成才的经历对自己的启迪。听歌、看影视节目，只是生活的一个小小的部分，青少年应该抓紧时间，努力学习，实现远大抱负。另外，青少年应该视野更开阔，不要只把目光盯在几名大红大紫的影星、歌星身上，追星的目标应该在那些伟大的科学家、作家及自己身边有突出成就和卓越心灵的人的身上。

再次，可以偶尔跟孩子一起追星。孩子追星后，父母不妨同孩子一起追星。其实不要把“星”们想象成洪水猛兽，他们的成功之路是非常坎坷的。家长们可以和孩子一同追星，然后与孩子谈论他们，并给予客观的评价，这样对孩子的人生观与价值观的形成起到潜移默化的影响。比起用强硬的手段来阻止孩子追星，这种方法更有效，至少孩子不会产生逆反心理，会和家长进行有效沟通。

最后，把崇拜转化为向上的动力。追星实际上是一种对榜样的认同。青少年往往把崇拜的明星当做人生发展的楷模、参照系以及心灵的寄托。父母可以对孩子自发产生的“偶像崇拜”心理和行为进行适当的干预，也可以利用有学习价值的英雄形象来创造另一种明星效应，还可以为孩子的特长搭建实践的舞台，让孩子体会到成功的快乐，把孩子的追星转化为自我激励。

其实，孩子追星，重在引导。

小张的同事的孩子上初二时迷上了周杰伦，甚至还留了一个和周杰伦一样的发型。过于专注这些，学习成绩自然下降了。可无论小张的同事怎样严厉批评，孩子都当成耳旁风。

一天晚上，小张的同事一觉醒来，发现孩子屋里的灯还亮着。她悄悄走进去，发现孩子戴着耳机睡着了。她摘下耳机一听，发现她给孩子买来学英语的MP3里响着的却是周杰伦的歌。小张的同事说，当时她真想拉起孩子狠狠地教训他一顿。可转念一想，也许正是以前的教训让他学会了“打掩护”。同事一夜未眠，天亮时终于想到了对策。

第二天，孩子发现秘密泄露了，显得有些不好意思。可小张的同事却显得对周杰伦很感兴趣，主动在家里放上了他的歌曲《蜗牛》。孩子被这首旋律清新、内容上进的歌曲感染了，不自觉地跟着哼了起来。见此情景，同事不失时机地说：“喜欢一个明星，要看他的哪些方面更适合自己模仿，更适合自己学习。”听了这话，孩子若有所思地垂下了头。

没过几天，孩子就去把头发剪短了，小张的同事还从他的笔记本上看到了《蜗牛》中的歌词：我要一步一步往上爬，小小的天有大大的梦想……

现在这个孩子已经上了高一，不但成绩优异，各方面也都齐头并进。看来家长对待孩子追星，要找准切入点进行引导，让他们自我认识、自我调整，从明星身上找到适合自己学习的闪光点。

由此可见，对于现在的孩子来说，追星是很正常、很普通的事。只要做家长的能够正确认识并引导好孩子的追星行为，就没有什么可担心的。日常生活中，家长要多和孩子聊天，多倾听孩子对身边事物的看法，多帮孩子解答一些他们认识模糊的问题，这样，孩子就会健康而愉快地成长。

第二章 父母的“爱”是否过了头

有人说：这个世界上所有的爱都以聚合为最终目的，只有一种爱以分离为目的，那就是父母对孩子的爱。

父母真正的成功的爱，就是让孩子尽早作为一个独立的个体从自己的生命中分离出去。

然而，父母长期以来对孩子过分的“帮助”，不仅妨碍了孩子独立意识、责任意识的培养，也不利于其人格、品德的健康成长。

《中国教育报》登载过这样一条消息：一位母亲在自己的摩托车上贴了一则替正读大四的儿子寻找“枪手”的广告，大意是说，儿子由于沉迷网吧，耽误了学业，英语过不了关，难以按时拿到毕业证。如果有人能替儿子考过英语四级，她愿意付10000元作为酬金。这位妈妈真是糊涂透顶了，通过不正当的手段帮儿子弄虚作假，真是令人匪夷所思。

但是，这样盲目的溺爱在我们周围并不少见。爱护孩子本身并没有错，但爱过了头就是伤害，在这方面我们应该很好地吸取美国的教训。

第二次世界大战结束后，经济的增长给整个美国社会带来了繁荣与昌盛。美国的父母把压抑已久的感情和温暖全部倾注到了孩子的身上，认为“爱就是一切”，鼓吹“放任自流”让孩子们自行其是。这一代人便在无比“幸福”中成长起来，享有美国历史上从来没有过的繁荣和最优越的受教育的机会。但是让人痛心的是，二十多年过去了，正是这一代人吸毒、早孕、酗酒、自杀、暴力犯罪，给20世纪60年代的美国带来了一场社会大动荡。

对此，一些学者分析，根源在于：孩子在小的时候，父母过于放纵，他们没有得到很好的规范教育，致使他们没有了道德底线，他们不知道为自己负责，更不会对他人负责，不懂得宽容、感恩，等等。他们的父母终于发现是他们亲手把孩子送进了爱的坟墓。他们也终于明白了一个道理——爱的管教绝对不可以缺少，放任、溺爱孩子就是伤害孩子，也是在伤害自己和危害社会。

反观我们的教育，就应该吸取这个教训。现在的孩子大多是独生子女，家长们除了百般照顾和满足孩子的需求之外，还要注意爱的方式，合理的要求要满足，但不要娇纵、溺爱。因为父母没有准则的爱，对孩子是一种伤害，会扭曲孩子的心灵，损坏他们的心理健康。

不要替孩子包办一切

而现在的家长多数为“70后”，在少年年代生活还是挺艰苦的，他们从小所受的苦，走过的路，都不希望孩子再经历一次。于是，有的家长打着为孩子好的旗号，包办孩子的一切。从小时候的穿衣打扮到毕业后的工作去向都毫无例外地替孩子做好了决定，完全不问一问孩子有没有自己的想法，不想知道孩子自己想干什么。更有甚者，一些家长连孩子的婚姻问题都要强加干涉，要孩子完全按照自己的计划轨道走，不去顾虑孩子的感受，也不去体会孩子的心情。最后闹到父母和孩子之间的分歧越来越大，沟通越来越难。家长认为自己的做法是为了孩子好，而孩子却不体谅家长的苦衷。孩子认为家长不理解他们的想法，不给他们一个自己做决定的空间。

仔细想想，其实家长决定孩子的一切，给孩子规划好了人生轨迹，出发点是好的，父母是以过来人的身份让自己的孩子少走弯路。岂不知还没学会走就直接跑的孩子，是经受不住风雨的洗礼的。

而我们现在“70后”、“80后”的父母要认识到孩子无论多大，都会有自己的想法，他们总是希望有些事情能够自己做决定，而不是依靠父母替自己拿主意，更不想做父母的“应声宝宝”。有些时候，他们想自己尝试去做一些事情，希望得到家长的支持与鼓励，但是相反的，父母给予的往往是否定或是挖苦，然后再给孩子“金玉良言、苦口婆心”，让孩子脆弱的心理更加地反叛。

一些心理学专家认为，这些父母是患上了“关怀强迫症”。所谓“关怀强迫症”，即一个人特别需要别人依赖自己，总是强行向别人提供他并不需要的关怀，从而使他不能独立，并使双方都进入特别痛苦的生活状态中。“关怀强迫症”是一种不健康的、对人际关系产生破坏作用的心理和行为，患上该症的家长必须及时加以矫正，否则会让孩子在精神上承受另类“棍棒”。

今年情人节，在某婚姻登记处有这样一个场景：站在新婚登记队伍中的不是准新娘和准新郎，而是准新郎的母亲。这位母亲来这里排队是为了让孩子多睡一会儿，直到快排到时再打电话让孩子们过来。

类似的现象在现实生活中并不少见，我们现在的父母如果不想让孩子变成例子中这样的就应该放手，更多地让孩子自己来决定生活中的某些事情。

曾看到过这样的故事：

有个中国人在加拿大山区驾车旅游，经常看到路边竖着一块牌子，上面写着“A fed bear is a dead bear”，意思是“被喂饱的熊是死熊”。他不太明白到底是什么意思。伙伴告诉他：过去很多人在路边看到熊，都十分好奇，从车里扔食品给熊吃。熊尝到了甜头后，就老站在路边等人施舍食品，慢慢地失去了自己觅食的本领。到冬天没有人去喂它们食品时，有的熊就会被饿死。所以加拿大政府在路边竖了很多提醒人们的牌子，告诉大家把熊喂饱了，实际上是把熊喂死了，所以说“A fed bear is a dead bear”。

就像这些熊一样，很多父母出于对孩子的过分爱护和关心，也正在把孩子当做喂饱的熊对待。现代心理、教育、社会科学的研究表明：家长的“过度保护”恰恰忽视了孩子健康人格的教育和培养，也扼杀了孩子创造的灵性和自主发展的精神，由此培养出来的孩子依赖性强，没有创造力，更别提解决问题、面对挫折的能力了！这样的孩子在成年后甚至30岁后仍存在一些儿童时期才有的毛病，比如倔强、任性、缺乏独立生活能力、依赖性强，出现心理倒退现象，适应新环境能力差，等等。

所以喜欢替孩子包办一切的家长，应当认识到问题的严重性：你不可能替孩子做一辈子的决定，你有老的一天，有跟不上时代的一天，如果到了那一天，你的孩子还没有学会独立面对问题、处理问题，你让孩子何去何从呢？家长们应当趁现在给孩子自由呼吸的空间，放手让孩子实现自己的梦想，让他自己的事情自己做决定，为自己做的事情负责任，家长就站在孩子的身后默默地支持他、鼓励他，成为孩子坚实的后盾。

也许你会有一些不舍，看到孩子一次次跌倒、一次次失败，但这是我们每一个人必须要经历的，经历过失败才会珍惜来之不易的成功。当他回首过往时，会发现：正是你的开明，让他有了实现梦想的机会。

著名作家小霍丁·卡特曾说过这样的话：“我们希望有两份永久

的遗产能够留给我们的孩子，一个是根，另一个是翅膀。”“根”就是一个人的心性和品行，“翅膀”则代表了他适应世界的生存能力。

而我们现在的许多家长就没有留给孩子翅膀，许多孩子都成了折翼的天使，失去了翱翔的本领，一味地依靠父母，没有了飞翔的翅膀。父母们应该认识到有时候跌跌撞撞地前进才能成就一个真正的人。

不要对孩子过度保护

1992年，在中日少年草原探险夏令营活动中，77名日本少年来到内蒙古，与中国30名少年举行草原探险夏令营。在中国孩子病了，回大本营睡大觉，日本孩子病了硬挺着走到底。日本家长乘车走了，只把鼓励留给发高烧的孩子；中国家长来了，在艰难路段把儿子拉上车。曾有人问一个中国男孩：“为什么野炊时中国孩子不如日本孩子能干？”这个孩子一针见血地回答：“遗传呗！”他说：“爸爸、妈妈为了让我进个好学校，叫我住在姥姥家里。我姥姥有三不准，刀不准动，电不准动，火不准动。我长到13岁，火柴也不会划。我连家炊都不会，哪还会野炊啊？不是我们不想干而是不会干。”

著名作家冰心说：“有时候，不健康的母爱反而害了孩子！”她还指出：“‘小皇帝’的出现就是因为不健康的母爱！”

的确，对孩子过度的保护会成为一种伤害。孩子在成长的过程中，必须经历一些磨难，这是一种规律。“酸甜苦辣都是营养，生活百味都要体验。”如果把磨难和体验全部省略掉了，一切都替孩子包办，看上去是顺利了，是舒适了，结果却使他软弱而闭塞，胆怯而无能。现在社会上有很多这样的人，被称为“30岁儿童”“衣襟男”。就是说有些人到了而立之年，凡事仍不能自立，必须由家长代理他去做一些事情，自己没有主见，没有主张，没有想法，整天惶惶不可终日。而作为家长也总是担心、害怕，却不知，这所有的一切都是家长在孩子成长过程当中种下的恶果。因为在孩子应当自立的时候，家长没有给予太多的空间，所有的事情都由家长代办，都由家长为孩子处理好，不让孩子经受任何风雨，所以等孩子长大成人后发现，一点儿小雨孩子就经受不了。任何一个家长都不想看到这样的结果，那就请家长不要溺爱孩子，不要对孩子保护过度。

当然，我们也知道，父母保护孩子，不让孩子们吃苦受难，是可以理解的，但是过度的保护，反而会让孩子缺乏从错误中学习和锻炼的机会。爱很重要，却无法保证孩子会出现良好的行为。孩子不但需要有爱心的父母，更需要接受过训练的父母。父母对孩子的过度保护会对孩子的心理发育有哪些不良影响呢?

1. 过度保护，影响孩子的社会性

社会，是一个复杂的大课堂，拥有形形色色的人物。一个被父母过度保护的孩子是很难顺利地融入到社会当中的，他们无法或者说很难处理好各类人际关系，因为在日常生活中他们接触到的都是父母和最亲近的人，接触面狭窄，就不可能从广泛的交往中学到经验。进入社会，不知道与人交往的手段和方法，从而形成了孤僻、依赖、抑郁的性格，甚至产生非常严重的社会问题。因为他们只学会了很小一部分的为人处事方式，没有学会大部分的为人的道理。

2. 过度保护，压制孩子的求知欲和学习动机

由于家长的过度保护，孩子的很多能力都被掩盖了，甚至是压制了，他们发展不起来了。

心理学家认为：个体在生理上或心理上有某种需要，这种需要的内驱力——动机，由此推动个体产生为满足其需要的一系列行为。

但是，受到过分保护的孩子，其父母从各个方面已全部满足了他们的需要，这样便抑制了他们活动的动机，从而降低了他们对外界事物的兴趣和好奇心，并削弱了他们探索外界事物的主动性、积极性和意志力，使他们的诸多能力发展不起来。一旦这种能力低下的孩子投入到集体学习生活中，就麻烦了，他们的注意力不集中，时间长了，在学习上就会受挫。挫折让孩子的心灵压抑，于是孩子就不喜欢学习、厌恶学习甚至恐惧学习，学习的主动性就没有了，求知欲也就不强了，学习成绩下降，这时其他的毛病也就凸显出来了。

3. 过度保护，让孩子自私自利

可以说“自私自利”是人的天然属性。一个儿童从出生开始便会凸显这一属性，等孩子到五六年级的时候会开始对周围的人发出善良、关心的信号，也就是说等他到五六年级的时候才会开始关心人，替人着想。

但是被家长过度保护的孩子，当到了为人着想的年龄段时，他还没有产生为别人想的念头，还在那里自私自利。有的孩子父母都年迈了，他也不会去主动帮助父母。这样的孩子的情感、思想等发面发展都是比较迟缓的，所以表现出来的就是自私自利。

一个孩子从小没有得到父母的爱，流落到社会上，成了一个不良少年。收容所把他收容后，对他进行耐心的教育、无微不至的关怀。孩子的心慢慢地被感化了，他逐渐地起了变化，学着关心别人，后来成了一个有出息的孩子。

因此，对孩子要从小培养他懂得感恩。一味地溺爱，过度的保护，对孩子没有好处，只会让孩子更加自私。

4. 过度保护，使孩子能力低下

家长们都希望自己的孩子有学习的能力，有自信，以后能顶天立地独挡一面。但是，替孩子包办一切，对孩子过度保护，就会导致孩子的能力低下，因为他们没有机会体验生活，只是“衣来伸手，饭来张口”，在各个方面的能力都有所退化。在他应该学习的阶段，由于家长的保护，让他没有机会去尝试，在方方面面都给予了无微不至的关怀与爱护，这种呵护的结果导致了孩子很多能力的下降。

法国有一对老夫妻，快50岁时才生了一个孩子，自然是百般呵护，千般爱护了。保护到什么程度呢？孩子到了25岁的时候，解大小便还得父母帮助。大家可想而知，当这对父母去世之后，这个孩子将如何立足于社会？

当然这是一个极端的案例，但是不可否认的一个事实就是：现在的家长对儿女的关爱已经达到了极点。孩子固然是我们每个父母心中的宝贝，但是这种无端的保护式的爱要减一减，我们要理智地、科学地爱孩子，这才是对孩子最好的教育方法。

父母的爱是孩子成长途中的阳光，无论何时都让他感受到你的爱，但爱不等于娇惯和替代。娇惯孩子，不是爱孩子，而是害孩子，因此我们要很好地把握家庭教育的度。弹簧的伸缩原理告诉我们，拉力适度，使弹簧的功能保持；拉力过度弹簧将失去了弹性，无力回原。教育也同样如此。了解孩子是家长教育孩子的前提，孩子是成长和发展中的人，教育的内容和方法也应适合他们的变化。父母对孩子不要过分地保护，而要给他一个弹性的空间，让他自由发展，可能我们做家长的会看到一个不一样的孩子，他的天空会因此更加明亮！

不做唠叨家长

一天，公共汽车上，两个孩子正在进行有趣的对话。

“嗨！昨天我妈妈就为我考试卷上那错了一个小数点的题唠叨了一晚上，听得我头都变成了两个！”

“那算什么？上次我爸爸为我差 1 分满分的卷子说了一整天呢！我当时就昏过去了，当然是假装的。”

“哈哈……”

如果我们留心一下周围的生活，都会听到不少同学这样议论：

“我家里人真是啰哩啰唆，我干了点儿不对的事，他们就唠叨个没完没了，真是烦死了。”

“我爸爸妈妈什么事都要管一管。一会儿这样，一会儿那样，连我的零花钱怎样花也要过问，真讨厌！”

现在的孩子都不愿意听父母唠唠叨叨，其实细想一下，我们成年人也不喜欢父母在我们面前唠叨。但现在爱唠叨的父母确实不少，孩子有的时候不爱听就和父母顶撞，而父母感到自己的孩子不听话，从而双方产生矛盾，让大家都不开心。

那么，父母为什么爱唠叨呢？

现在的父母都很关心孩子的功课，经常在他身旁督促，或唠叨不休，一会儿提醒他字要写得端正，一会儿又说那个字写错了；或者孩子专心计数时，一会儿端茶，一会儿又说“太累”了。父母这种做法，我们是可以理解的，他们是想关心一下孩子的学习，希望给孩子些帮助。但是这种做法，只会惹孩子反感，使他们坐立不安，无法专心读书。

从孩子方面来说，他们有的时候会体谅家长的良苦用心。但是有的家长看到孩子的错误后马上义正言辞地批评教育，孩子就会把挨骂变得像家常便饭般的轻松平常，久而久之，他对任何的责骂都无动于衷，同时他也会因此而丧失自信心，甚至连说话都表达不清楚。而父母的责骂与劝告以后也变得没有效。没有耐心的母亲，常常会嫌孩子做事慢吞吞，又做不好，由于看不顺眼，便不停地唠叨。唠唠叨叨地骂孩子，会使孩子不愿意接近父母，父母也会觉得这孩子不可爱。对于精神散漫，无法专注于书本的孩子，再多的唠叨和督促都不能奏效，反而会令情况恶化。

一个13岁的女孩这样讲述发生在她身上的一件事情：

小时候，我很爱学习，成绩也不错，可不知从什么时候开始，我爱上了看课外书，学习成绩就慢慢下降了。放学回家，我迫不及待地拿出《少年文艺》或者《故事会》，还有各种各样的作文选。我当然觉得很内疚，作业还没做呢！决定看完一篇最放不下的文章就写作业。

妈妈过来了，一看见我手上的课外书，就有些生气地说："还看，还看，还不写作业！"我赶紧心虚地回答："看完这篇就写，也就10分钟。""10分钟，这可是你说的。"妈妈离开了不到3分钟，又过来了，说："快看完了吗？不快点写作业，又要写到晚上12点了。"我没有理她，继续看我的书，心里有点儿烦。

我听见妈妈继续在客厅里抱怨："人家的孩子都是一回家就写作业，你倒好，拿着这书那书瞎看，作业写到深夜，时间不够了就胡乱应付，成绩当然好不了。"我越来越烦，想想也是，成绩越来越差，作业很难，写起来很费劲，真泄气！妈妈还在旁边唠叨，书也看不下去了，我开始写作业，不到10分钟，就有写不下去的感觉；偷偷拿出那本书，提心吊胆地又看起来……当然，我又挨了一顿说，结果是那天的作业到12点也没有做完。

从这个事例中，我们应该吸取教训。孩子说好了10分钟后就开始写作业，妈妈应该相信他，等到10分钟过后如果他还没开始写，再提醒也不迟。回家了该写作业，这个道理孩子是懂的。妈妈的提醒让她有些内疚，这种内疚感会促使孩子很快改正错误。可是，妈妈太心急了，她不停地唠叨使孩子产生了厌烦感，这种厌烦感超过了孩子的承受能力，爆发出来，取而代之的就是逆反心理。

所以，家长对孩子的批评教育一定要有个限度，不能超过这个限度。孩子犯一次错，家长就批评一次，不要多次重复地说，要简明扼要，挑重点的说；而且批评要讲究方法，不要让孩子感觉自己的错误总是被揪住不放，从而产生厌烦心理。

作为父母，唠叨让人厌烦，易招致怒气，那么对于孩子的一些行为究竟应该怎样去纠正呢？

1. 学会尊重孩子，正确把握住孩子的心理状态

一般情况下，孩子的心理状态会不同程度地有所暴露。父母这时就要善于把平时对孩子的了解与他在谈话中的外部表现联系起来，细心观察孩子的神情、言语、注意力和习惯动作的变化等，从而正确把握住孩子的心理状态。

2. 学会交流

亲子教育专家曾经讲过这么一件事：

一天下午，她突然被儿子的小学老师叫到学校。在老师的办公室里，老师当着儿子的面向她抱怨：你这个孩子是多么的淘气……老师甚至使用了很多难听的字眼，而她一听，又没有什么大不了的事儿。小男孩嘛，淘一点儿很正常。事隔多年，她仍然觉得心痛：“当时我儿子就站在一旁，老师就那样数落他，孩子吓得缩在墙角一个劲儿地哭！一路走，孩子一路哭，任我怎么安慰也停不下来。”

可见唠叨对孩子的伤害有多么的大。

还有，当孩子不专心读书、父母说教无效时，不妨停止语言的劝诫，改为行动，适当给予处分，让他反省自己的过失。父母看到孩子有悔意就不要再多加指责。有过亲身教训后，孩子会改进的，父母还是少唠叨为妙。因为唠叨不是在教育孩子，多半是家长为自己的辛劳找心理平衡。有些妻子对丈夫也是唠叨个没完没了，其结果是自己在家里辛辛苦苦，一天到晚忙，却在丈夫、孩子面前毫无威信，孩子稍大一些就会看不起经常唠叨的母亲。这是做母亲的失败，也是做母亲的悲哀。

正确的做法是就事论事。孩子哪里出现了错误，就错误说错误，不要说起来没完没了；就抓住重点，不拖泥带水，找对时机，一次说完，并告诉孩子怎样做。

孩子哭闹时别轻易妥协

孩子的笑脸会带给父母无比的快乐，可是孩子并不总是笑呵呵的，总会有哭闹的时候。当孩子哭闹的时候，家长是否应该满足孩子的所有要求？

很多时候，孩子一哭，父母就禁不住对孩子俯首帖耳。

就像谚语所说的“无法战胜哭泣的孩子”，孩子一哭，家长就会“毫无办法”地接受他一些无理的要求。

像这样的现象层出不穷：

《新民晚报》曾登载过一条新闻：某小学一年级的学生勇勇，在家中是个小皇帝。每天上学前总要跟妈妈讲条件，达不成协议就来个“罢课”。“六一”儿童节那天，由于妈妈没有答应他的要求，他便使性撒娇，最后不得不由爷爷奶奶来打圆场。然而，这位“小皇帝”还不满足，要惩罚妈妈——打一个耳光。对这样非礼的要求，奶奶却陪笑脸开导儿媳妇，还说孙子想出气，打她个耳光也行，后来妈妈就把脸凑过去……这样的奶奶、妈妈真是糊涂，竟然同意让孩子打大人的耳光！

我们在惊叹这样的妈妈和奶奶的同时，应当反省自身，在教育孩子的时候，是否出现过类似的事情，孩子一哭闹就妥协？当孩子的愿望不能得到满足时，他会认为，哭就是最好的解决方法，不需要考虑为什么，应不应该。所以我们经常看到有的孩子在大街上放声大哭，大部分都是无理取闹，家长一脸的无奈。周围人看他们，家长也觉得有点不好意思，可对孩子还是没有任何办法，只好还是妥协。孩子就会认为，这个方法还真的有用，就这样进入了一个恶性循环。所以，应该让孩子从小就懂得有什么想法和要求，应该好好地向妈妈提出来，哭闹是不好的表现，大人不喜欢以哭闹要东西的做法，而且有的时候即使哭也无济于事。下面是一个妈妈讲的故事：

昨天，我和朋友商量休息了后带孩子们去公园。当我们说上午还是下午去的时候，我说：“要是下午去，中午还得早点儿睡。”

女儿听到后，立马大哭，一边哭一边说：“不想早点儿睡！”我连电话都讲不了，朋友也说孩子脾气大。当时我心里很恼火，也觉得没面子，干脆就去别的屋打电话了，让她在客厅哭，后来商量好了，上午去，挂了电话。

孩子也哭得差不多了，拉着我的衣服说：“不想早点儿睡！”

我就告诉她：“你知道妈妈和阿姨说什么不？你就哭，我准备休息了带你去公园，去不去？”孩子点点头。“那早点儿睡，行不行？”孩子又点点头。“那你哭什么啊？是不是不想早点儿睡，不想去公园啊？”

孩子摇头，说：“想去。”

“好，现在去洗洗脸。”

孩子还是拉着我的衣服：“你给我洗。”

我很严厉地说道：“自己去洗！”

孩子一看我发脾气，又哭得厉害了：“妈妈别生气！”

这时候，我本想妥协了，帮她洗洗也没什么，可后来一想，下次再有这种情况，我就更难教育了，还是让她自己洗。我告诉她：“你自己把脸洗洗，妈妈就不生你气了，好不好？”

“好！”

孩子自己把脸洗完，来到了我身边，这时候她已经一点儿也不哭了。我拉住孩子：“来，站妈妈跟前，妈妈跟你说，你都不知道妈妈和阿姨说什么，你就哭，你说你哭的对不对？”

孩子摇头。“妈妈和阿姨打电话，你哭那么大声，妈妈心里烦不烦？阿姨会以为你很不讲道理，妈妈怎么教的孩子？妈妈很没面子，你知不知道？”

孩子点头。“再说了，要是下午睡起来去公园，中午早点儿睡是不是也可以？”孩子点头。“妈妈和阿姨已经说好了，早上去，早上起床就去，知道不？你以后可不能再这样了。”

孩子说：“我知道了，妈妈你别生气了！”

“好，听话的孩子就是好孩子，以后不这样了，妈妈还喜欢你。”

这时候，孩子抱住我，搂住我的脖子，我也紧紧地搂了搂孩子，说：“我知道，我家孩子最听话了，以后不会再这样了，是吧？”

"嗯。"孩子笑了，我也笑了。

苏霍姆林斯基说过："儿女一高兴，爸爸、妈妈就高兴，越往后，儿女就越认为自己的行为合理。如果孩子的行为表现只由他的欲望指使，他就会对生活享受产生异常狂妄的要求，但对自己却几乎没有任何要求，长此以往，他就会成为贪得无厌、为非作歹的坏人。"

我们再来看一个例子：

张女士带儿子和朋友一起逛商场。走着走着，张女士发现儿子不见了，转眼一瞧，儿子正目不转睛地瞅着柜台里一只有趣的玩具小熊。朋友走近他，说："明明，你喜欢它吗?"明明说："可爱的小熊真漂亮，和幼儿园里的那个小熊一模一样，我们大家都愿意和它在一起玩耍，我要有一只就好了……"孩子的意思很明显：买给我。但是他并没有直率地说出来。显而易见，这个孩子懂得：如有可能，大人会买给他；如不可能，就是再要也不会买。

类似的事情，不同的孩子的表现不一样。孩子其实就是一张白纸，我们作为家长要从小就给他讲，不是他看见、喜欢、想要的一切就能归他所有。有些东西是不适宜买的，有些东西父母就算想给他买，也不是现在立刻就给买，这样孩子就学会了等待。

在美国，20世纪50年代《斯博克博士的育儿书》曾经风靡一时，书中主张"要疼爱孩子，满足孩子的需求，让孩子有被关心、被呵护、被爱的自信"。受这本书的影响，很多在知识分子中产阶级家庭中成长起来的孩子后来都成为嬉皮士和学潮运动的主流，他们中有很多人都不能顺利地融入社会。

当孩子为了自己的利益、主张而号啕大哭的时候，父母们要果断解决，不能拖泥带水。如果在公共的场合，害怕给别人带来不便，可以适当给以好处，事后要及时对孩子说明情况，给以正确的教育。

对于懵懂无知的孩子来说，不能让他觉得自己和父母是完全平等的，想要什么只要一哭就可以得到。

“陪”读才能学习？

观察一下我们的周边，陪读现象已经不是什么新鲜事物，家长陪做家庭作业、陪着看书、陪着上培训班。从幼儿园、小学，甚至到中学、大学，陪读已经司空见惯。许多家长为了让孩子能考出好的成绩，就陪着孩子学习，孩子学到几点，家长们就陪到几点。甚至有家长为了孩子有更好的学习环境，上演了新版“孟母三迁”，举家离开原来的住所，来到孩子的学校周围，全程陪读。

据中国社科院教育研究所的一项统计显示，我国36.8%的家庭存在父母陪读的现象。在城市家庭中，陪读的比例要远远高于这个数字。一项对670位小学生家长的调查显示，近五成小学生回家做作业需家长陪伴，36%的学生需要家长监督，仅一成小学生回家后能独立完成作业。

前苏联著名教育家马卡连柯曾说过这样一句话：“最可怕的是用父母的幸福来栽培孩子的幸福。”家长督促孩子学习本无可厚非，但过度地插手监督容易导致孩子过分依赖，不利于其能力的发展，造成分数高的假象。毕竟，学习能力的发展要靠孩子独立思考来完成。

新加坡的一部关于家庭教育的电视连续剧《小孩不笨》中的三个男主角存在着不同的问题，这三个男主角都是小学生，来自三个不同的家庭。但是，父母对他们的期望却是一样的，都是希望他们认真学习，先是考上优秀班，然后是好的初中、好的高中、好的大学。不光是他们三个的父母是这样的要求，其他学生的父母的想法也是惊人的一致，正如电视里的主角 Terry 所想：“难道所有的妈妈都是一个妈妈生的吗?”

现在像这样的妈妈、这样的家长很多，他们不惜一切代价，放弃自己的事业，专心投入到“陪读”中。他们认为工作没了以后还可以重新找回，可是孩子的教育一旦错过最关键的时间就再也无法弥补了，中小学生正处于身心发展的关键时刻，“陪读”可以帮助孩子创造更加美好的未来。还有的家长一边工作，一边“陪读”，工作的时候想着给孩子买什么资料、上什么补习班，买什么营养品让孩子变得更加聪明，晚上和双休日更是把大部分的精力都花在了孩子的身上，真可谓是心力交瘁！

杨女士的儿子在初中的时候成绩并不理想。到了高中，她就加紧对儿子的监督管教，全程陪孩子读书。孩子晚上学习到几点。她就陪到几点，她是一个比较严肃的人，儿子则比较懦弱。孩子在她的严格监督下也算有了点儿成绩，最后考上了大学。但是这三年，杨女士也累积了很多疾病，年龄不小了，平时既得上班，又得照顾家里，晚上陪儿子熬夜！

这是有条件去辅导孩子、监督孩子学习的家长。还有些家长当孩子上了初中、高中，对课本、作业慢慢地变得力不从心了。这时候，他们便开始思考用另外的方式来“陪读”，定期到学校找老师了解孩子的学习情况，对孩子的考试比孩子本人还要重视，于是在生活上给孩子提供最舒适、最适宜的学习环境，创造一个在他们心目中最有利的环境。

但是，正是父母无微不至的照顾、陪读，造成孩子什么都不会，完全成了除了学习之外，生活不能自理的人。

小梁的妈妈从小学一年级就开始陪读，如今小梁已经考入一所不错的大学，按理说，小梁妈妈也可以光荣“退休”了。谁料，小梁三天两头打电话回来诉苦：学校里的饭菜不合口味，寝室里的同学难相处……甚至，每次放假回来，他带回来的大包小包竟然都是穿脏的衣服、袜子。现在，小梁妈妈正在犹豫，要不要去陪儿子上大学？而一些少年天才被研究生院退学的案例也足以说明，陪读是造成孩子能力缺失的重要原因。父母只注重孩子的学习成绩，忽视对孩子其他能力的培养，全程陪读，其自酿的苦果不仅害了孩子，也害了自己。

任何事情都有两面性，陪读也不例外。对于部分孩子来说，家长的陪读可以说是必须和应该的，比如，有的孩子自控能力差，沉溺于网络或游戏，放松学习，成绩急遽退步，这时候家长选择陪读，监督孩子认真学习，是有一定效果的。但有些孩子，根本就没有陪读的必要性，家长若是陪读，会让孩子感到家长对自己不信任，而且自己感觉也很别扭，反而起到了阻碍的作用。

所以家长能不陪读的最好不要陪读，如果非得要陪孩子学习，一定要注意以下事项：

1. 改进陪读形式，让陪读更有兴趣

家长在陪读的时候，不要很枯燥地坐在边上摆出家长的架子监督孩子学习，而是要想办法提高学生学习的兴趣，避免枯燥的学习模式。比如在孩子做家庭作业时，家长可与孩子一起做题。做完之后再相互调换检查正误，这种方式既有趣，又能培养孩子检查作业的良好习惯；在孩子朗读课文时，家长最好不要袖手旁“听”，不妨打开收录机给孩子的朗读配一段音乐，这既有利于培养孩子的朗读兴趣，还能有效地提高孩子的朗读能力。

2. 陪读是为了不陪

陪伴孩子的目的，是为了孩子最终不用陪伴，能独立、自信地学习。也就是说，家长陪伴孩子的过程中，要指导孩子逐步学会怎样独立地完成学习任务，最终使孩子获得独立学习的能力。

有这样一幅漫画，画着一个农夫牵着头牛，书生牵着牛尾，书生说："牛不会耕地如何下田？"农夫说："不下田怎么会耕地呢？"

可见，家长如果不放手，孩子永远不会自己学习。

3. 陪读是督促而非监管

老师们知道，学生在上课的时候不可能40分钟都集中精力听课，总会有注意力分散的时候。家长在陪孩子学习的过程中，也会遇到这样的问题，例如孩子学习精力不集中，作业没有做对，等等，这个时候有的家长就会态度恶劣地批评孩子。

家长这个时候应该注意，每个人都有出错的时候，这个时候应该态度和蔼地加以提醒而不是批评，要对孩子进行耐心的引导，不要用粗暴的语言进行攻击。如果你的态度很恶劣会让孩子感到反感，丧失学习的积极性和主动性。而且要知道孩子不是万能的，什么知识点都是从不会到会这个过程，不能急功近利地指望孩子一下子什么都会，否则只会让孩子产生逆反心理，既厌烦学习也厌烦家长。

第三章　拒绝家庭冷暴力

孩子来到这个世界上，是脆弱的，需要亲情，需要拥抱，需要温暖。父母关心与否，就决定了孩子快乐还是痛苦。父母的冷漠对孩子心灵所造成的影响，有时候比打骂还要可怕。如果父母只是供孩子吃饭生活而没有给他们温暖，孩子也会产生被人抛弃的感觉，心理上会产生沉重的负担，在性格、为人处世等都会有缺陷或不足。

我们知道，培养孩子是一个艰辛、劳累的过程，在这个过程中不可避免地会出现这样或者那样的不合乎家长意愿的、操心费力的事情。当面对孩子无知的行为时，家长要学会克制情绪，冷静处理，千万不要漠视孩子的存在，否则会给孩子留下难以磨灭的阴影。

不要对孩子太冷淡

德国一项民意调查结果显示，“令人最害怕的声音”竟是婴儿的啼哭声。现在大部分家庭只生一个孩子，家长舍得让孩子大声啼哭而放手不管吗？事实是，城市中不少医院经常接到因过度哭泣而来就诊的婴儿。这其中，除了婴儿本身潜在的原因外，还有相当一部分是年轻父母养育不当造成的，最主要是家长对孩子的哭闹无动于衷。

在上海举行的中德心理治疗大会上，中国和德国的心理学家不约而同提出：年轻而没有经验的父母对婴儿的养育失误，容易造成孩子成年后的人际交往障碍，严重的会导致社交恐怖症。

中德心理治疗大会上，德国心理学教授 Thiel - Bonney 研究发现，1999 ~ 2006 年，德国宝宝婴儿期的“调节障碍”中，过度哭泣占 47.4%，没有得到良好照顾和治疗者，长大后相当一部分出现了比较严重的焦虑问题。

Thiel - Bonney 教授用录像展示了一位年轻的德国母亲和她儿子的互动场面。整整半个小时，5 个月大的男婴只瞟了母亲一眼，而这位年轻母亲或者愣愣地看着东张西望的儿子，或者淡淡地说“你终于不哭了”，或者左顾右盼——她不懂如何与自己可爱的宝宝交流。婴儿天生有注视人脸的愿望和能力，这对母子之间的沟通渠道却中断了。原来，这位母亲有强烈的产后抑郁情绪，对孩子的哭泣十分厌烦，拒绝照顾他。丧失母爱的婴儿渐渐压抑自己的需要，对人也越来越没有兴趣。

专家表示，这样的婴儿如果不及时治疗，长大后必然出现严重的人格问题，甚至可能患上社交恐怖症。

以上的事实证明，任凭孩子哭闹，弃置不管，就是家庭冷暴力。这种冷暴力不是通过殴打等行为暴力解决问题，而是表现为冷淡、轻视、放任、疏远和漠不关心，致使他人精神上和心理上受到侵犯和伤害，是家长处在一种非理性状态的行为。

家庭对孩子的冷暴力是存在的，譬如孩子犯错了，做父母的可能很生气，故意不理睬孩子。当然，对孩子的冷暴力并非比比皆是。但是，家庭冷暴力对孩子是有很大影响的。一般来说，容易走两个极端：一是孩子容易反叛，如孩子胆子大，与家长对着干；另一种，孩子胆小怕事，压抑自己的情绪。后一种，可能是大家公认的“乖孩子”，但那不是他的本来面貌，到了成年后，他就会表现出问题来，例如社会交往不良，不会自己处理自己的问题等。

学龄前儿童的神经系统有了进一步的发展，这给心理发展提供了生理前提。一般来说，3 岁以前儿童的大脑内抑制过程的发展是很慢的。约从 4 岁起，内抑制发展很快，为儿童更好地分析、综合外界事物、更好地控制和调节自己的行为提供了生理条件。但这时的抑制过程还比较弱，兴奋仍占优势。但遭遇了冷暴力的孩子却不是兴奋占优势了。

现代家长都接受了对孩子不能打骂的观念，但是当孩子犯错误的时候，家长又不知所措了，通常采用冷处理（指家长处在理性状态下），但是很容易有冷暴力倾向，还有一种情况就是无意识中出现的情形。发生这种倾向是一件很不幸的事情，阻碍了孩子的健康发展，比如孩子如果感到被忽视，那么自卑和冷漠的性格很容易形成，而孩子感到压抑，童年的情绪就很容易被压住，到了成年却爆发出来，因而消除家庭这种冷漠状态，才能促进孩子健康成长。

家长不理会孩子对孩子到底有多大的危害呢？一般来说，0～3 岁这个阶段，对孩子的伤害更大。别以为孩子不懂大人说话，但他把家长的言行像摄影机一样，一一摄在脑里，进入他的潜意识，在他以后的成长过程中，碰到类似的场景会回放。或许他认为，这就是与家长相处的模式，进而推广为社会上所有人。由于孩子处在 0～3 岁期间，非常弱小，冷暴力容易使孩子自闭、胆小、自卑、隔离，不敢向家长表达愿望。

在 3～7 岁，相对来说，孩子会适当关注外部世界，对世界有一定的认识萌芽，但仍处在家长的“高压”之下。他会有疑问，为什么爸爸妈妈突然不理我了，是不是我做错了什么？是不是我不乖了？

这可能会使孩子产生不安全感，可能让孩子学会冷漠，也可能让孩子敏感多疑、对周围产生不信任感，甚至会压抑自己的言行，进而当家长在时听话，当脱离家长的视线时可能比较“野”。

要预防对孩子的家庭冷暴力，家长应该从以下几点入手：

其一，家长需要学习育儿知识。教育孩子不能按照上一代父母怎么教我们的来教，因为时代不同了，教育也不能想当然。教育孩子是一门科学，需要系统学习育儿方面的知识，提高家长自身的素质。

其二，夫妻情感要和睦。一个家庭，如果夫妻关系很和谐，不发生大吵大闹的事情，彼此交流和沟通都很畅顺，相互体谅和理解，都会直接影响到孩子。他们会感觉到父母很恩爱，对自己也很好，感受到家庭的温馨和温暖。在一个家庭中，有话可以自由地表达，当家长不理会孩子时，他也能理解家长。

其三，平时家长多与孩子沟通，一起外出参加亲子活动。尤其是爸爸，在孩子3岁以后，爸爸的角色一定要介入孩子的思想成长中。当家长不在孩子身边时，可以多打电话、或写书信、寄贺卡给孩子，直接告诉孩子：爸爸妈妈爱你！爸爸妈妈现在忙，稍后回家与你联系。让孩子感受家长的爱随时在身边。

如果家长确实忙，在家不能陪孩子，可以事先与孩子约定，贴不同颜色的卡纸，如红色代表爸爸现在有急事要做，请勿打扰！蓝色，代表爸爸很累，你可以找爸爸，但只能一会儿。让孩子随时感知家长的情绪变化，他就不会感到害怕，也就不会对家长产生误解。当然，如果爸妈没空，可以让爷爷奶奶暂时代替一下；或者与其他小朋友相处一下，也是一个好办法。

在家庭中，如果确实发生了父母对孩子置之不理的情况，那事后一定要有补救措施，因为家长生存压力大，也有自己的情绪。事后，父母一定要向孩子解释清楚，向孩子道歉——比如说："对不起，是爸妈太冲动了，没顾及到你的感受，请你原谅。也许爸爸妈妈对你的要求太高了。但不管怎样，我们是一家人，一起努力，好吗?"

对孩子别太严肃

教育专家指出：父母的态度不仅影响孩子自己对生活的看法，还会影响孩子的智力和能力的发展，影响孩子的行为和道德的发展。

"己所不欲，勿施于人。"每个人都希望别人用温和的口吻和自己说话，孩子也是如此，但是许多家长对孩子十分严肃，甚至有些苛刻。孩子在成长的过程当中避免不了会出现这样或者那样的错误，在出现错误的时候，家长们应当注意自己的教育态度，不要太过苛刻，要用温和的态度对待孩子。

父母对孩子持消极、粗暴或过于严苛的态度，会影响孩子的行为向不良或不健康的方面发展；父母对孩子持积极、温和的态度，会影响孩子的行为向健康的方面发展。只有在父母温和的态度下，在父母的鼓励和帮助下，孩子在社会能力方面才能建立起较好的自我评价和自我意向，建立起自信心，从而很好地发展出自主能力、独立能力和其他社会能力，为一生奠定良好的基础。

所以，父母要用温和的态度对待孩子，不要太过严肃、苛刻。

秦丽的孩子今年上初二，在小学时候也是非常聪明乖巧的，学习成绩不冒尖但也不算坏，秦丽从来没怎么费过心，别人都夸她的孩子聪明懂事。秦丽也曾十分骄傲和自豪。可是孩子上初中以后，学习成绩一落千丈，逆反心理特别强。

家里经常充满了火药味儿。孩子英语考试不及格，秦丽请老师每周补课，钱没少花，但是效果非常不理想。而且，她这儿子老是跟她对着干，她说往东，他偏要往西。母子两人是话不投机半句多呀，说不了两句就得大吵一顿。秦丽和丈夫也总因为孩子的教育而拌嘴。那段时间，秦丽也是十分痛苦，不知道该怎么办，对孩子说话也是十分苛刻，很严肃，整天也没个笑脸。

有一次，秦丽当着孩子的面说：人家怎么养那么好的孩子，每次考试都那么好，我怎么养了这么个孩子？孩子脑袋反应特别快，立即回了秦丽一句话：我怎么遇见了这么笨的妈妈，人家妈妈都是当厂长的，你干的啥？秦丽听了，当时就哑口无言。

后来，秦丽仔细反思，孩子的问题到底出在什么地方了呢？她感觉是自己对孩子的态度出了问题，对孩子态度越差，孩子的成绩就下降越快。秦丽觉得自己找到了原因，就决定改正自己的态度，对孩子不过于严肃，保持温和的态度。

从此之后，无论孩子怎么做，她总是以温和的态度对他。

两个月过去了，奇迹出现了，孩子和秦丽都有很大的变化。孩子不再和她做对了，有什么事情还会主动请教她，也知道关心人了，不再乱发脾气了。星期天，秦丽去值班时，还会嘱咐她说：“妈妈你放心去吧，我在家会管住我自己的，路上要小心。”另外，孩子写作业也比以前快多了，也知道努力了。

虽然还有些科目不是很好，但是从他的眼神中，秦丽能看出他在努力，并且十分有劲头。

从这个例子里可以看出，父母对待孩子的态度，不但会影响孩子的智力和学习，还会影响孩子的人格的发展。不要一味地对孩子板起面孔，总是很严肃。那样的态度，未必会对孩子产生有利的影响，反而会加深父母和孩子间的隔阂。尤其是处在叛逆期的孩子，你的严肃的态度，会将孩子越推越远，对解决问题无利。不妨试试温和的态度对待孩子，这样反而使父母和孩子之间的关系拉近了。

所以我们在教育孩子时，首先要审视自己，不要对孩子过于严肃。

1. 调整好教育孩子的心态

鑫鑫是个调皮的孩子，妈妈也总是很严肃地对待鑫鑫。在鑫鑫的心目中，很少看到妈妈笑，或是夸奖他。因为他很调皮，常常给妈妈惹麻烦，时常有其他孩子的父母来告状。鑫鑫的妈妈最初采取的方式是不问缘由，就粗暴地打骂鑫鑫，冲着鑫鑫大喊："我怎么生了你这么不听话的孩子啊?"在这样的教育方式下，孩子渐渐不和妈妈说话了。

后来，鑫鑫的妈妈开始反思自己的教子方式，并转而对孩子采取温和的态度。渐渐地，孩子开始主动和妈妈交流，也能听进妈妈的话了，懂事了很多。妈妈看到孩子的变化，非常高兴。

所以，做父母的要调整好自己的心态，以平常心看待孩子，不要用大人的要求来规范孩子的行为。孩子有自己的成长规律，父母不能急于求成。

当孩子犯了错误时，父母要控制自己的情绪，不要在生气时教育孩子；平时也要对孩子表达你的善意，不要老是板着一张脸，让孩子难以与你接近；若孩子也处于生气的状态时，也不适宜对他进行教育。

当孩子犯了错误时，父母应该等自己和孩子都平静之后，再用温和的态度进行教育，这样才能防止粗暴型教育，更加客观地帮助孩子处理问题。

2. 对孩子不要采取打骂的教育方式

新宇今年上小学五年级，最近染上了网瘾，无心学习，终日泡在网吧里。妈妈为此很生气，打了他很多次，可是一点作用都没有。无奈之下，妈妈只好把远在外地的爸爸叫回家。

爸爸回家后，并没有打骂孩子，而是温和地和孩子交谈。新宇最初不理爸爸，还是一如既往地去网吧。爸爸就耐心地去网吧等孩子，还为孩子送饭。

新宇看见爸爸态度温和，既没有训斥自己，也没有打骂自己，也觉得自己的所为有点儿过分了，就自觉地向父母道了歉，慢慢把心思都转到学习上来了。

打骂或许能使孩子在短时间内表现得听话、服从，但时间一长，孩子就算犯了错误也不会再对父母说，而是采取隐瞒、撒谎等方法，来逃避父母的打骂。同时，父母的打骂导致孩子也像父母一样，学会以暴力手段对待别人，造成孩子人格的扭曲。

3. 不要轻易说伤害孩子的话

欣欣今年刚上小学一年级，由于还不适应学校生活，第一次的考试成绩不太理想。家长会上，老师点名批评了欣欣，这使妈妈很尴尬。

回家后，欣欣本以为妈妈会严肃地批评自己，可是妈妈并没有说“你怎么这么笨啊！你真让我丢脸！”之类的话，而是鼓励孩子说：“妈妈知道你现在刚入学，肯定不适应，再说这次考得差，说明你还有前进的可能啊，妈妈相信你下次不会让妈妈失望的。”

欣欣听了妈妈的话，受到很大的鼓舞，决心好好学习，为妈妈争光。

语言伤害是一种心灵的伤害，它的杀伤力远超过肉体上对孩子的伤害。长期如此，孩子的心灵会遭到扭曲，出现行为障碍和个性上的缺陷，长大后难以适应社会的要求。父母要把伤害孩子的话抛开，不能口不择言地伤害孩子，而要多采用积极的语言鼓励孩子。

不能用“物质补偿”代替“感情补偿”

我们经常说“金钱不是万能的”。同样，对孩子来说，玩具和零食也不是万能的。儿童心理学研究表明，当孩子处于少儿期时，父母对孩子的教育和影响是非常重要的。而现实生活中，经常看到父母为了工作而长期忙碌，从而忽视了对孩子的教育，让孩子经常跟着爷爷奶奶、姥姥姥爷，这样孩子对父母就会有一定的心理落差，而家长们采取的方式往往是用物质的补偿代替情感的补偿，希望能够保持与孩子情感的平衡。这种做法是极其错误的，孩子幼小的心灵所需要的不是物质上的单一满足，而是父母的关爱，一旦缺少了父母的关爱，很容易畸形发展。孩子是很敏感的，他们希望爸爸妈妈能在身边，而不是对父母情感的缺失感到无所谓。

下面便是一个儿子的心里话：

妈妈：

您还记得您有几次没有陪着我过生日了么？您记得您上次接我放学回家是什么时候么？您还记得我们有多久没有全家一起去郊游了么？

妈妈，如果我不要零食，不要玩具您会不会接我放学回家？会不会陪我一起吃晚饭？会不会在周末陪我和爸爸去郊游呢？

看过之后，多少有些心酸，是父母的错，还是孩子的错？父母在孩子教育问题上往往存在着物质投入有余而精神关怀不足的状况。有些家庭收入比较高，很容易养成孩子花钱大手大脚的毛病，却很少从心理上、情感上关注孩子、教育孩子。如果经常用物质补偿孩子缺失的情感，他们可能认为在父母眼里赚钱更重要，他们也会不自觉地产生物质至上思想，认为金钱可以换来亲情，可以买来一切。

我们的家长一定要记住：管吃管住，吃饱喝足，适合于养宠物，而不适合养孩子。有的家长对宠物都能够关爱备至，难道就不能省出时间多陪陪孩子吗？如果一味地如此“爱”孩子，会造成诸多不良后果：

1. 孩子会不懂得珍惜和感恩

有的家长由于自己没有时间，只是一味地满足孩子的物欲，这对孩子是十分不利的。

王女士有一肚子的苦水要倒。她是个事业型的女人，工作十分认真，从而忽视了家庭的重要性，尤其是对自己的女儿——果果，由于没有时间陪伴女儿，所以更多的是女儿想要什么，她就满足女儿的要求。女儿也愈演愈烈，喜欢看动画片，总是紧追潮流，缠着她购买各种各样的玩具。如果动画片过时了，那批玩具就“失宠”了。家里堆放的玩具泛滥成灾，都可以开个玩具店了。

比如说吧，《天线宝宝》播出后，孩子迷上了“天线宝宝”；《长江七号》刚上映，就迷上了“七仔”；福娃一推出，又爱上了“福娃”；《功夫熊猫》来了，随即喜欢上“功夫熊猫”……

现在，家里堆满了玩具，“天线宝宝”已经被扔掉了，“功夫熊猫”有三五个，“七仔”大大小小有七八个，福娃数也数不清，而且是各种材料、各种型号的都有，包括电动的、会唱歌的。除此之外，女儿买衣服、买头饰，都要买带有这些玩具图案的。

王女士说，2009 年春节前，果果疯狂地迷上了动画片《星际飚车王》。除了妈妈买了碟片外，姥姥、爸爸、舅舅等人买片中出现的各种各样的赛车。那些巴掌大的赛车刚推出时，价格很高，一个就要30元。果果已经拥有6辆赛车，还很不满足，用她的话说，班里一个叫丫丫的同学有20多辆呢！自己只有区区6辆，很丢面子。

还有，果果看了《陀螺战士》后，又缠着王女士买了片中各种颜色的陀螺，也是和同学相互攀比，看谁收集得多。

王女士平时没有时间陪女儿，就尽量满足女儿的这些要求。为了给女儿买这些玩具，她花了不少钱。她说为了满足女儿，买了数不清的玩具。家里都快堆不下了，扔了吧，又觉得可惜，这些玩具都是在刚刚上市时买的，价格不菲。由于玩具种类和数目太多，果果都没怎么玩，每个玩具几乎都是崭新的。

王女士说她有时候真的很头疼，她不知道她的这种做法对不对，总是感觉自己的女儿怎么那么“贪婪”——上午刚刚买了一个大的毛绒福娃，下午又要去买塑料福娃，好像就是为了满足一种“收集欲”。

王女士总是忧心忡忡。虽然大人们尽最大努力满足了孩子的要求，但是孩子并不珍惜这样的爱，学习方面很让人操心，写起作业来拖拖拉拉，经常是开学前一天夜里还在大人的陪伴下赶作业。如果有一点点要求未得到满足，孩子就会哭闹。在孩子看来，如果大人拒绝为她买哪个玩具，就表明大人并不爱她。8岁的孩子甚至已经学会了旁敲侧击地讽刺、挖苦或激将大人——当她的要求未及时得到满足时。

看完上面的例子，我们感觉到努力为孩子创造富足、宽裕的生活环境，初衷是可以理解的，可王女士的做法是不可取的。由于自己工作忙，一味地满足孩子的要求，让孩子养成坏习惯——不懂得珍惜和感恩，孩子在无限制地满足自己的过程中，却偏离了健康成长的轨道，让孩子以为她所提出的任何要求，大人就应该无条件地满足。在大人的“放纵”下，孩子逐渐养成“贪得无厌”的坏习惯。这对孩子来说不是爱，而是害。

在网上的一个教育论坛里，曾经非常流行一句话：父母要学会藏起一半爱。

其实天下的父母都是真心爱孩子的，但不一定会爱。爱孩子就要关心孩子的精神世界，而不是一味地满足他们的物质欲望，这不是真正的爱，而是害！

2. 孩子可能会形成攀比的心理

物质、金钱方面的满足让孩子们滋长了拜金主义、享乐主义，以及讲排场、比阔气的坏习惯。这些坏习惯使孩子不由自主地卷进金钱的旋涡里。个别孩子在得不到满足时，就会产生邪念，去偷、去抢。倘若任其发展下去，难免长成社会的毒瘤，最后走向犯罪。所以，家长们切勿掉以轻心，切勿在物质方面无限制地满足、娇惯孩子。

一位犯罪心理学家曾说：父母对孩子过分的爱，不仅不能让孩子学会爱，反而会使孩子觉得自己就是家庭的中心，进而变得自私，甚至冷酷、残暴。

印度杰出诗人泰戈尔也有句名言：“鸟翼上系上了黄金，这鸟永远不能再在天空翱翔。”

同样，家长们在物质方面无限制地满足代替情感教育孩子的做法，无疑是在孩子脚上戴上沉重的脚镣，使孩子在人生、在旅途中寸步难行，贻误终生。

现在，孩子攀比浪费现象很严重，名牌、高品位已成为许多学生的消费追求，这对他们的学习、成长无益。如果父母真的是为孩子好，就多创造一些机会，让孩子自己去体验生活的艰辛，去历练意志，不要用没有时间这样的借口来为自己掩饰用物质代替精神的错误观念。无限制地满足孩子的物质要求，只会把孩子惯坏。

所以，为了孩子的健康发展，做家长的，无论出于什么样的考虑，无论有什么样的理由，要想真正地爱孩子，请不要用物质上的满足代替感情上的缺失。家长必须教育孩子树立健康的消费观，鼓励他们自立、勤俭、节约。

认真倾听孩子的心里话

孩子在整个成长过程当中，对父母有很强的依赖感，尤其是当自己有心事无人倾诉的时候，总希望父母能够听自己说说心里话，能够得到父母的关心和关注。如果在这个时候，父母能够耐心地倾听孩子的心里话，孩子会有种满足感，对父母也会很亲近，反之，会拉开亲子之间的距离。

但是，现在不少家长总是不耐烦地打断孩子的话，或者心不在焉地敷衍。有的家长认为，孩子的话毕竟是孩子话，没多大的意义，懒得听；也有的刚好遇到自己情绪不佳，没心思听；有的是对孩子的话题不感兴趣，不想听。家长的这些做法都是错误的，因为孩子向父母袒露心声，是缓解自己情绪的一种方式，渴望从父母那里得到安慰或是解决问题的方法。如果父母不予回应，就会打击孩子的积极性，挫伤孩子的自信心，也许这个时候孩子所说的话杂乱无章，但这更需要家长耐心。父母应该用正确的方式，去倾听孩子的话，耐心地引导孩子成长，而不要片面地打断孩子。

小妍是个活泼开朗的孩子，今年刚上小学一年级，对学校里的一切事物都很感兴趣。每天放学回家后，她都会和妈妈说说当天的新鲜事，如老师讲了什么内容，表扬了谁，批评了谁等。

妈妈很忙，最初不忍心打击孩子的积极性，会耐着性子听孩子说。可是家里有很多家务活等着去做，所以后来妈妈就边做家务边听孩子说话，对孩子的话有一搭无一搭地应付着。

小妍看到妈妈忙，就乖乖地等妈妈闲下来后再和妈妈说话。妈妈忙完后，到客厅看电视，小妍搂着妈妈的胳膊说："妈妈，今天老师在课堂上表扬我的答题角度新颖了，还让别的同学向我学习呢。"妈妈说："你真棒，和妈妈说说具体情况。"小妍以为妈妈很感兴趣，就兴高采烈地给妈妈讲了起来。

可是小妍发现妈妈耳朵听着她的话，眼睛却一直盯着电视看，嘴里"嗯嗯"地应付着。小妍觉得很伤心，撅着小嘴进了自己的房间，任妈妈怎么敲门也不出来。

父母耐心地听孩子说话，孩子会感觉到父母的关注，产生被重视的愉悦感，就会主动将自己的快乐或疑惑说给父母听。父母可以从孩子的话语中发现孩子的问题，帮助孩子找到正确解决问题的方法。但是，父母如果不注意倾听孩子的心里话，就会很被动，孩子和大人之间就会产生隔阂，时间久了，就不容易解决了。那父母应当如何做呢？下面几条建议，供家长们参考：

1. 耐心地听孩子表达心里想法，做孩子的听众

做父母的要对孩子多一点耐心。这种耐心体现在孩子和父母说话时，父母即使再忙，也要放下事情，安静地听孩子说话，并且要用双眼看着孩子，适当地表达自己的情绪，和孩子产生情感共鸣。

周末晚饭后，李瑶走进妈妈的卧室，说要和妈妈说点儿事情。

妈妈放下手中的报纸，让孩子坐在自己身边。李瑶说，自己收到一封信，信里……孩子不好意思说了，脸都红了。

妈妈从孩子的表情中，也猜到了什么，很警觉、担忧，害怕孩子因为这件事情耽误学习，但又能感受到孩子的迷茫无助。于是，她站在孩子的角度，为李瑶分析了这件事情，帮她提出了几种解决方式，并且说，自己相信女儿会处理好这件事情。

几天后，女儿对妈妈说："妈妈，谢谢您听我说，还那么信任我，我现在和那个男生成了好'哥们儿'了。"妈妈听后很高兴。

从这个例子可以看出，作为父母，可以很轻松地成为孩子的听众。父母对待孩子的事情要有耐心，这样不但可以解决父母和孩子之间关系不融洽的问题，而且有助于解决孩子面临的问题。所以在听孩子说话的时候，父母不但要认真对待而且要留意孩子的表情和情绪的变化，从孩子的外在表现深入孩子的内心。只有深入到孩子的内心世界，父母才能够真正地了解孩子，帮助孩子及时准确地解决问题，克服不良的情绪，使孩子身心都能够健康地发展。

2. 鼓励孩子说出内心的想法，帮助孩子解决困惑

每一个孩子都有自己的思想和见解，但是如果不能很好地表达出来，父母就不能有效地了解孩子的困惑，也就难以给予孩子引导和帮助了。鼓励孩子说出心里话，是保证孩子心理健康的方法。

我们家长经常会遇到这样的事情：孩子放学回家没理由地就在父母面前闹情绪。其实闹情绪是因为孩子的内心情感没有得到合理宣泄，所以这个时候就需要父母和孩子进行沟通，但在沟通时应当注意以鼓励和引导孩子说出心里的想法为目的。这样，父母才能了解孩子的内心感受，发现孩子的问题，及时帮助孩子解决问题，保持孩子的健康情绪。

有的孩子性格内向，父母要尽量让孩子多和外界接触，让孩子在和他人接触的过程中，培养自己良好的性格，养成和别人交流沟通的好习惯。

父母要鼓励孩子大胆提出与自己不同的意见，允许他们有自己的见解，还要努力为他们创造一个宽松的成长环境，培养孩子的求异思维和发散思维，鼓励孩子的创新思维，这样才能使孩子释放自己，坦然地接受错误和失败，并将其转化为成功的基础。

李诗今年上初一。在小学表现很出色的她，上了初中后觉得自己只不过是很普通的学生，学习名次下降了，各项能力也不突出，在班干部竞选中还落选了，因而心里很痛苦。

回到家后，她想和妈妈说说自己的苦闷，可是妈妈总说自己很忙，没时间听她说。一次吃过晚饭，李诗想和妈妈谈一谈。妈妈刚听女儿说了几句，就开始火冒三丈，还质问李诗成绩怎么会下降。李诗委屈地哭了。

爸爸看到这种情况后，将孩子叫到身边，让她说说具体情况。爸爸还强调自己不会批评女儿，只会无条件支持她。在爸爸的鼓励下，李诗说出了内心对学校的恐惧，因为自己还不适应新的环境。

听了孩子的话，爸爸的心放了下来，微笑着对李诗说：“孩子，没关系，你不是已经知道自己的问题了吗？好好调整自己的状态，一切都会好起来的。”李诗说出了自己的心里话，感到轻松了很多。

当我们家长遇到这样的问题时，千万不要急于动怒，要有耐心，多去与孩子进行沟通，鼓励孩子说出内心的想法，这样才有助于问题的解决。而不注意倾听孩子的心里话是十分错误的，有类似情况的家长应该改变自己的教育方法了。

不要漠视孩子的孤独

对孩子的孤独，家长知道多少？尤其是青春期的孩子，他们对于生死、对于人生，都有着朦胧的认识，经常会有对社会、家庭的不信任，似乎大彻大悟，又似乎不太懂，总是认为别人不懂自己，而这个时候的孩子心理承受能力又很弱，往往会把事情想象得很糟糕，容易对社会、人生失去信心。他们认为自己已经是大人了，对什么事情有了自己的判断了，大人的话已经对他们起不了多大的作用了，反而觉得大人的话有些刺耳，嫌弃大人唠叨；老师的话也听不进去了，不像过去那样百依百顺了。

他们希望自己能够像大人那样得到平等的对待，拥有属于自己的一片天空，但是父母、老师乃至社会仍然将他们视为小孩子。他们说的话无足轻重，得不到支持，就会觉得自己不被理解；就连平时较为要好的同学，现在也不那么亲密无间了；自己有了心事，却不知道怎么去排解，也没有人理解。于是，所以青春期的少男少女总是发出这样的感慨："没人能理解我""我好孤独"。

在青春期，还有生理的变化，孩子的秘密就更多了，对社会和自己有了更多的了解，也就存在着不解和困惑。而这一切又不能和家长进行及时的沟通，心中的郁结没有途径排解，孤独感就加深了一层。

北京某个研究所调查发现孩子对孤独感到担心、忧虑。负责该项调查的研究员介绍说，在这项研究中，共访问了北京市的1000名大、中学生，在调查时他们最多提及的是“孤独”“郁闷”之类的词。

邻居小张的女儿在日记中写道：“别看我老和一大帮人一起唱歌、聚会，可是我还是找不到可以交心的朋友，没有人可以真正地理解我的感受。”

在网络上我们也经常能看到十六七岁的孩子，他们在聊天或是在博客上、日记上发出“我很孤独”的感慨，但是这样的孩子在父母眼中往往是性格开朗、大大咧咧的孩子，家长们并没有察觉到孩子的不一样。

而且，这个年纪的孩子都存在着升学的压力，家长和学校的注意力都集中在孩子的学业上，没有人注意孩子的心理的变化。

其实，父母们对孤独的理解和看法与孩子不一样，即使知道孩子孤独，也不能够理解孩子心中的孤独是什么样子，不知道孩子内心的渴望和困惑，这就导致了两代人的交流越来越少，甚至出现了代沟。每个家长、孩子都希望彼此能够进行交流，但是两代人之间的代沟一旦形成，想要跨越就是难上加难。久而久之，孩子们就会觉得迷茫、害怕，进而产生了心理疾病。

这种孤独感往往是在青春期开始的，这个时期是孩子向成人转变的过渡阶段。在这个阶段，有关自己和社会的各种信息纷至沓来，需要不断地思考，最后确定自己的生活目标。在这个过程的一开始，孩子往往不知道自己想要的是什么，也不知道自己是一个什么样的人。社会赋予他们的角色一下子增多了，他们希望得到成年人的尊重和信任。除了要扮好相应的角色外，还想表现得独立成熟，这就需要与人沟通、探讨。

德国心理学家斯普兰格说：“没有谁比青年人从他们孤独的小房间里，更加用憧憬的目光眺望窗外世界了；没有谁比青年在深沉的寂寞中，更加渴望接触和理解外部世界了。”

这种孤独感正是孩子自我意识发展的一种表现。随着年龄的增长、社会生活经验的丰富和自我探索的深入，他们会逐渐获得一种熟悉自己、对自己有信心、有把握的感觉。那时，他们就既能够独立思考，也会乐于与人交流了。

作为家长，我们应当如何去做才能帮助孩子走出孤独的泥潭呢？

1. 帮助孩子克服自卑心理

在这个时期孩子往往很迷茫、困惑，有自卑感，不信任人，家长就应该多多鼓励孩子，让他们逐渐建立起自信心。只有充分相信自己，才能让别人相信你。

2. 鼓励孩子多与外界接触

这个时期的孩子，内心充满困惑，往往没有排解的途径，所以经常将自己封闭起来，很少与外界接触。家长了解到孩子的困惑时要及时给孩子一个心理疏导，鼓励孩子与朋友联系，体会到友谊的温暖。

3. 鼓励孩子多为别人着想

在与他人相处的时候，应该也设法为别人做点儿什么，因为你在温暖了别人的同时，也温暖了自己。

作为青春期的孩子，每一个人都会在那个时期多少体验到孤独的感觉。孤独并不可怕，可怕的是在那个时期不进行有效的疏导，就会让性格变得孤僻，甚至患上孤独症。孔子曾经说过：“独学而无友，则寡陋而寡闻。”家长应当适时引导孩子进行交流，排除心中的孤独感。

第四章　父母的尖酸刻薄会让孩子自暴自弃

也许你从来都没有想过，自己随便的一句话，会在孩子心里产生什么样的效果。你的语言可以让孩子更加自信，也有可能令他们感到挫败。

因此，父母应该多说能解决问题的话，不要说一些尖酸刻薄、容易伤害孩子的话。经常遭受“语言伤害”，孩子的心灵就会扭曲，即使成年之后也会出现较多的行为障碍和个性弱点，难以适应社会。为了孩子的健康成长，父母要对不良的语言的严重后果予以高度的关注，不要以为区区几句过头的话不会对孩子造成多大的危害，你的口不择言、尖酸刻薄，会给孩子造成一生难以磨灭的伤害。

要知道这种心灵的伤害甚至比肉体的伤害更严重，可能会让你的孩子自暴自弃。父母作为孩子的“第一任老师”切不可做这样的伤害者。

不要轻易否定孩子

“我们不想在否定中长大！”这是很多孩子共同的心声，一句简单、稚气的话语，道出了孩子渴求被认可的强烈愿望。

孩子的心灵是脆弱的，他们希望得到支持和理解，每一句鼓励的话语，都会使孩子信心百倍。但是一句粗暴的呵斥，轻易地否定孩子所做的事情，足可以使他们的尊严受到极大的伤害，心灵受到摧残。父母都希望自己的孩子出类拔萃，但是如果孩子不能满足父母的期待，许多父母会感到悲观、失望、灰心丧气，常常不自觉地对自己的孩子予以否定。

比如，在孩子不听话、屡教不改或者不认真读书、学习的时候，父母往往很生气，气急了就会口不择言，说出一些泄气的话来："你是一个十足的废物、笨蛋！""你将来也成不了什么大事！""你还想有什么作为，做梦！"等等。

父母一时的气话，却足以构成对孩子终身的伤害，因为它截断了孩子对自己将来的希望和美好的憧憬。一个人对前途失去了信心的孩子，他还能好好读书吗？读了书又有什么用呢？

据最近的一项社会调查显示，不少孩子犯罪就是因为在家受到父母的藐视，而产生了挫折感。于是产生了破罐子破摔的想法，而自暴自弃。

不论孩子的年龄大小、事情的大小，父母对他们前途的否定，爸爸妈妈们也许是恨铁不成钢，一怒之下说的话，并不是完全放弃或者是轻视孩子，但是在孩子那里得到的信息却是，灰心丧气，对自己的将来缺乏信心。父母这样做对孩子的心灵造成了极大的打击。尤其是年龄较小的孩子，父母讲的话，对他们更具有绝对的权威性。即使没有产生什么不良的后果，在人格上也会形成极大的影响。

张老师曾经教过一个这样的学生，别人都说他是一个"问题少年"。可通过接触，张老师却发现不是这样的：这个孩子虽然成天一言不发，可内心世界特别的温驯、细腻。下面的一篇作文，就是他这种心迹的表露。

我是一个少年。父母都说少年没烦恼，可他们不知道，我的烦恼也不少。但我并不把烦恼说出来。大家都知道我是个不爱生气的男孩，可是每到一件烦心的事情涌上心头，我就会悄悄地落泪。

这次考试成绩十分不理想，我的心理负担很重，怕亲戚朋友们笑话，更怕父母当着亲友的面说我，让我下不来台。可怕什么就偏偏来什么。放学回家后妈妈总是唠叨个不停，我克制着自己忍受着无情的责备，可爸爸却偏要火上浇油。他们俩对付我一个，真使我有口难辩。说实话，我也付出了，每天我都在认真地学，可是……爸爸妈妈，我想对你们说，我的心已经不止一次地被你们伤害。面对这些，我一滴眼泪都没有掉过，一点苦都没有向你们倾诉过。我怕你们伤心，我这么体谅你们，你们难道就不能维护一下我的自尊吗？每次我的成绩理想时，你们就说："这有什么，成绩还是太低了……"成绩不好时更是一顿批评。我不止一次地想：难道上了七年的学，我就没有成功过一次吗？我什么时候能听到你们这样说："嗯，还可以，别骄傲，下次再拿好成绩！"成绩不好时我能听到："别灰心，加油干，咱们追上去！"

爸爸妈妈，我已经长大，给我一点儿自尊和自信吧。

小时候，爸爸妈妈对我倍加爱护和体贴，让我感到生活是那么的充实，又是那么的愉快。可长大后，你们都像变了一个人似的，不但不理解我，还时常用一些刺耳的话刺伤我，常常使我觉得无地自容。

记得一次数学考试，因为那时太姥姥刚刚去世不久，妈妈心里万分难过。可我偏偏又没考好，回到家后，我胆怯地从书包里慢慢地拿出卷子，然后小心翼翼地放在桌子上。您看了后竟然大怒：78

分，怎么考得这么差？真是不争气！您大喊着，我顿时吓了一跳，一下子哭了起来。“还有脸哭呢！”您大喊道。我听了哭得更厉害了。您因为生气，拿着卷子，三步并作两步，就走到屋里，啪的将门关上。事后我觉得这样也不对，于是就去向您认错。

谁知，我刚想认错，您就对我说：“去，我没有你这样的儿子！”这句话使我深感痛心，我想这不过是一次小小的考试，难道我真的就那么无可救药了吗？我心里乱得一团糟，觉得什么都无法挽回。忽然之间，我觉得自己成了一个废人，再也没有变好的机会了。我只得走出里屋，无力地推开自己的房门，静静地坐在那里。

像这样的事情，还有很多，也正因为这样，我的家庭变了，变成了一个经常吵架的家庭。

亲爱的爸爸妈妈啊，你们对我的了解还太少太少，我不希望在一个总是被批评、责备、否定的环境中生活。我想有个快乐的童年，能像以前那样温馨快乐。

常言道：“恨铁不成钢，急死亲爹娘。”现今社会都讲究效率，讲究高投入高产出。父母对孩子都抱有很大的希望，希望自己曾经的遗憾，都在孩子身上实现，所以投入的人力、物力、财力、精力都是空前巨大的。可是，许多父母遗憾地发现，自己是高投入低产出，于是父母们便恼怒起来。

父母们的恼怒往往先用语言发泄，因为恼怒就什么都说，越说越狠，估计所有的父母在那个时候看到的都是孩子的缺点，都在想为什么生了这么个孩子！所以，越说越来气，越气说的话越没有遮拦。

在这个时候父母并没有意识到，这些对孩子否定性的言论，效果是非常糟糕的，年龄小的孩子自我认识能力差，自然会有些相信父母的话。他们会想：我是天底下最笨的坏孩子，再努力也没用了。

孩子的自尊心会受到严重的伤害，甚至攻击性行为增多，与父母冲突频繁发生，从而使父母陷入更大的烦恼之中。

其实，每个孩子在成长过程中都会出现一些问题，只是有些父母比较明智，巧妙地渡过了危机。聪明的父母在对待孩子时总是相信孩子是好的，相信孩子是聪明的，并且永远鼓励孩子，从不挖苦孩子。

童年时代的爱迪生被老师说成“笨蛋”，被医生说成是“脑子坏了”。但他母亲一直在鼓励他，说他会成功，终于爱迪生成了一位伟大的发明家。其实，每一个孩子都可以成才，只是我们许多家长缺少发现，缺少培养的方法，而使“天才”与自己的孩子擦肩而过。

孩子和大人一样，都需要自尊和自信，这对孩子形成健全的心理是十分重要的。那些经常遭受父母否定的孩子，通常长大后会变得犹豫、怯懦；而那些自幼就受到父母积极肯定和鼓励的孩子，做事往往干脆利落，充满自信。所以，父母一定不要总是否定孩子，以免在孩子幼小的心灵上留下阴影。

刘墉一再强调父母不可以否定孩子，否则会破坏孩子的人格完整。这句话怎么理解呢？比如说，当孩子写错了一个字，父母和老师都不能说：“你真笨，连这么简单的字都会写错。”这就等于先给这个孩子下了个定义，针对他这个人下了结论。而孩子是不自知的，他会从大人的否定得出“自己是个笨蛋”的结论。那么走到哪儿，他都会认为自己没出息，反正大人已经为自己设定了标签。

因此，父母和老师要这样说：“这个字应该这么写，你看，这样就对了……那是个错别字，可以组别的词……下次再写就会注意了吧。”在此，大人针对的是字，是事情，是第三方，不是孩子这个人。

在生活中常常会遇到这种事，父母动不动就说孩子不懂事、不省心、不听话、没出息……不经意的一两句话，都会给这个孩子打上烙印，认为自己就是父母所说的那种人。家长要记住，说话时要就事论事，不要攻击一个人，尤其是对孩子，不要破坏一个人的形象，要说，只能说事情或自己的感受。

比如，父母可以说：“你考砸了，是不是不高兴？我可以理解你，换了我可能也会有压力，不过我认为你还有潜力……”或者说：“我知道你们到了这个年龄都对异性产生好感，我在你这个年龄也一样，只不过我知道那是个骗局，因为身体成熟了并不代表心理也成熟了，男女相爱的本质目的是婚姻，婚姻要求你的心理必须成熟，否则承担不起家庭的责任。因此，我不反对你们接触，可你一定要知道这只是一时冲动，就像一棵树虽然长高了，却还没有经历风吹雨打的磨炼，因此还算不上成才，也没有能力为一个生态系统负责。所以，为了真正的饱满和坚实，只能不断充实自己……”

类似的话题，谈出自己的感受，但不破坏孩子的正常思维，哪怕那是一种冲动与不切实际也要尊重。因为尊重是人格的基础，如果没有尊重，特别是没有父母的尊重，孩子将来可能成为人格不健全的人。具体来说，一个人的人格，就是父母赐予的，所以父母也可以轻易破坏它。然而一个人的人格健全了，就算将来遇到再多的风雨，都很难摧垮他。

所以说，积极的期望是孩子成才的重要动力，父母切不可处处“否定”孩子，要多鼓励孩子，帮助孩子，肯定孩子。

别拿高标准压孩子

哪个家长不期望自己的孩子成才？哪个父母不期望自己的孩子出类拔萃？尤其是在现在这种激烈竞争的社会，父母们更是渴望找到培养孩子成才的妙方。然而，人是有个性差异的。正如俗话所说："人心不同，各如其面。"不仅孩子如此，父母也一样。如何做一个合格的家长，帮助孩子更快地进步成长，成了许多家长努力的方向。

于是，父母煞费苦心、千方百计地为孩子创造条件，不顾及孩子的禀赋，不考虑孩子的兴趣爱好，一厢情愿地以自己认定的模式来培养孩子，下血本培养，指望孩子长大能出人头地。父母给予孩子的是只许成功、不许失败的理念，无形当中，让孩子有了很大的压力。这种过高的期望不仅给孩子平添了极大的痛苦，也给父母带来了无限的烦恼。

家长的期望对孩子的学业、成长都有很大的影响，适当的期望有利于增强孩子的自信心，是进步的原动力。可是有的时候父母遇到具体问题的时候，往往会给出他们认为的"正确"的指导，这就引起了亲子之间的矛盾。家长一味强调"自己吃过的盐比你走过的路还多"这种老教条，作为孩子的行为准则，让孩子按照自己的期望去行进。家长都想让孩子去实现当年自己没有实现的愿望，无形中给孩子套上了沉重的枷锁。

而家长考量孩子的唯一标准就是孩子的学习成绩，孩子无形当中就成了一台考试机器，凡是和学习相关的东西，在家长那里一律开绿灯。什么吃的、穿的、用的，只要是对学习有好处的，家长一律满足，恨不得除了学习以外的事情，都替孩子包办了，以免其分心。

但是，期望过高，脱离孩子的实际，不仅起不到积极的作用，反而会起消极的作用。

上海市教育科学研究院普通教育研究所对800名上海市区孩子的父母进行的一项调查显示：超过95 %的被调查者希望自己的孩子受教育的程度要达到甚至超过大学毕业，对孩子就业率最高的几种职业依次是：医生、工程师、大学教师、科技人员、演员、运动员、作家、翻译。

许多父母对孩子的方方面面都提出了具体而严格的要求，要求孩子照办，以确保既定目标的实现。但结果并不理想。

父母为了孩子忙工作、忙家务，忙着挣为孩子付各类学费的钱。为了孩子许多家长真的没了自己的生活。可孩子们又是怎么想的呢？

孩子们在自编的一支歌中这样唱道：“你说你每天为家庭奔波，我却从来没有快乐过。”一个中学生的文章中有这样一段话，似乎很能代表孩子们当前的心态：“大人教育我是为我好，可有时侯我觉得他们说不到我的心里去，爷爷说应该为有机会上学感到幸福，他小时候捡垃圾、做苦工，看到地主的孩子上学羡慕得要哭。爷爷不知道，现在如果能让我少做点儿功课，少练会儿琴，我宁可去捡垃圾、做苦工”。“我们知道父母以一生的血泪换来的经验教训决不会害我们，可大多数的孩子不愿接受，要自己去实践、自己去体验。也许我们在怀疑他们的经验是不是更多的是从他们那个时代来的，时代不同了，是不是经验也可能过时了。我们想用自己的经历反驳父母的经验，可我们又是一代孝而不顺的人，或者说我们是阳奉阴违的一代。在他们教育我们的时候点点头，然后做自己要做的、想自己要想的，再编个故事去骗骗父母，他们会信。”

听到这些，不知家长有何感想。是为父母们鸣不平，还是对孩子抱同情？

看到这里，我们感觉很沉重，既同情家长，又同情孩子。但同时，我们也应该看到这样的事实：在孩子的世界里，沉重的学业压力、日益复杂的学习环境、逐渐增加的家庭问题和多变的社会人际关系，使得孩子所承受的压力越来越大。

有个居委会对500户家庭的调查表明：85%的家庭对孩子的要求是学习好，将来比自己有出息；在被调查的中小学生中，一半以上的孩子认为父母总是对自己的学习成绩不满意，近40%的学生诉说自己处在一种“一直不断努力，却总是达不到目标”的状态。为此，他们心中产生强烈的内疚感和焦虑感。

很多孩子常常会感觉自己对不起父母。看到父母那渴望的眼神，还有为自己劳累的身影，他们有时候感觉到很内疚也很害怕，甚至21%的孩子声称“我感到活得很累”。

在这种高标准的压制之下，孩子和父母之间的矛盾也就凸显出来了，孩子可能在高压下产生逆反心理，或有了心理疾病，甚至自杀。

小美是一个初中生。对于父母的期望，她感觉很苦恼。她在日记里写道：小时候，我的父母把我送到了比较好的小学，凭借我的聪明和努力，每一次考试都能够取得比较好的成绩。后来，我凭借高分，考上了当地的重点中学的重点班级。在这个高手云集的地方，我的压力越来越大，学习也不像小学那样如鱼得水了，我开始尝到了失败的滋味。这个时候，我最希望的是得到父母的鼓励。在一次考试失利后，我神情沮丧地回了家。

满心期待能够得到父母的安慰，但是当我非常自责地将成绩告诉妈妈后，妈妈原来阳光灿烂的脸一下子堆满了乌云，只低低地应了一声："考得不好，下次再努力吧。"接着便去厨房了。

我忽然感觉到很委屈，也很难过。妈妈虽然嘴上没有责怪我，但是从她的表现我知道，她对我是极不满意的。我便发誓，下次一定好好考，不让妈妈伤心。

很快，又来了一次考试，但是，这却像世界末日一般令人恐惧。

以后，妈妈会不断地对我说："你要是考不好，同学就会看不起你，老师也会看不起你，你周围的一切人都会看不起你。"就这样，我的压力更大了，对考试产生了恐惧感。眼中看到的只有考分，对考试很恐惧，感觉自己只有考高分才能活下去，否则自己就得死了。

但是成绩还是不理想，我也逐渐失去了信心，妈妈、老师盯着我的考分，我已经要崩溃了。

作为父母，关心孩子的学习成绩这是无可厚非的，但是做法一定要科学、得当。正确的做法应当是正视现实，客观地看待孩子的能力。如果期望过高往往会造成孩子学习上的逆反心理。

"望子成龙，望女成凤"，是我们每个父母的希望。但是希望和现实是两回事，我们做父母的一定要教育得当，否则会造成不良后果，起到反作用：

1. 僵化智力发展

由于家长对孩子期望过高，而这种过高的期望又与孩子的实际能力有所差别，时间长了孩子经过努力满足不了家长的期望，会丧失上进心，产生自卑感，心理上蒙盖着一种失败者的压抑感，这对孩子的身心发展是很不利的。

2. 损害人格的发展

父母催促孩子做超过他们能力的事情，会使他们产生挫败感、自卑，因为自己的无力而感到羞愧。

父母这种不考虑孩子的兴趣爱好，不考虑是否符合孩子的实际情况的高标准、高期望值的做法，容易造成孩子的逆反心理，甚至与家长形成尖锐的矛盾。过高的期望往往使孩子无法实现，成为泡影。

实际上，每个人都有自己的天赋和兴趣，有人喜爱摆弄文字但不愿演算数学题，有人擅长动手实践而不愿抽象推理，有人能歌善舞而对体育望而生畏。每个人都能以自己独特的方式把握自己，实现自己人生的价值。当然家长对孩子寄予期望，是一种信任，但父母的期望值要根据内外条件的变化，及时予以调整，不必拘泥于既定的目标，而应以最适合的为标准，才会有最大的效益。

如今素质教育越来越为各界人士重视。我们的教育最终服务于生存和发展，我们家长要懂得，生存和发展仅靠智力与成绩是不够的，在未来更是如此。因此，要在注重孩子智力发展的同时，注重对孩子独立能力、适应能力的培训、健康心理的指导，为孩子将来的生存与发展乃至人生理想，打造牢固的人格基础，这才是我们家长必须认真解决的问题。

言语过激会伤害孩子的自尊

“己所不欲，勿施于人”，对待孩子也是如此。自尊心人人都有，只不过孩子的自尊心非常脆弱，就像一只透明的玻璃杯，虽然美，但一碰即碎。

我们知道，生活的琐事很烦乱，总会有不如意的事情，父母不允许孩子做的事，大都是有道理、有理由的。但是对孩子说粗暴的、土匪式的话语只会伤害孩子的自尊心。事情过后也许还可以弥补，但对孩子的伤害却有可能是永久性的。父母若能在孩子童年的时候保护、培养孩子的自尊心，那将使孩子一生受益。一个有自尊心的人会尊重别人，也会爱护自己、充实自己，一个自尊自爱的人会对社会有益，对别人有爱心。

婷婷中午放学回家，妈妈已经预备了午饭。婷婷看了一眼桌子上的饭菜，顿时觉得饱了，于是无精打采地伏在餐桌上，不肯提起筷子吃饭。妈妈以为婷婷不舒服，非常着急，关心地问：“婷婷，你哪里不舒服？妈妈送你去医院检查一下吧。”没想到婷婷小嘴一撇，大声叫道：“我不爱吃这个，我要吃肯德基！”妈妈顿时火冒三丈，生气地责怪婷婷：“你这孩子怎么这么烦人？我做什么你就吃什么，不吃饭就什么都不准吃，饿死你。”婷婷低头不再说话，这一天过得很不开心。

孩子喜欢一些快餐、零食这类食品是无可厚非的，妈妈生气，责怪婷婷，我们也是可以理解的，但是关键是妈妈生气时所说的话伤害了婷婷的自尊心。父母在批评孩子时必须讲清道理，指明正确的做法。在生活中，孩子经常会做一些大人无法接受的事，也许大人会觉得难以忍受进而对孩子大加指责。如果换一种角度思考，成人也是从孩子一步步成长过来的，也有自己年幼惹父母生气的时候。父母回忆一下自己当时的感受，也许孩子下次犯错误的时候就不会再用过激的话责怪孩子了。

悄然的父母来自农村，后来通过自己的努力进了城市，但生活还是不富裕，都是劳工阶层，每月的收入只够该月开支，所以给女儿的零花钱十分有限。悄然在学校里看着同学们有新衣服、新书包，而自己的衣服和书包已经用了很多年，显得很土，课间休息时想喝瓶汽水也没有钱买，越发自卑。她开始讨厌爸爸妈妈，讨厌这个家庭。有一天吃晚饭，她看着桌上仅有的青菜，再也忍受不住，突然向父母大发雷霆："既然你们没有钱，为什么要生我出来受苦?"父母听后很伤心，但是他们想起自己小时候过的苦日子，安慰悄然说："现在我们是穷，但只要爸爸妈妈努力工作，我们的生活就会越来越好。"悄然听了以后仍然很不高兴，饭也没吃完就进自己房间了。

悄然的爸爸妈妈在听到女儿的指责和不满后，心里肯定很震惊、很生气，肯定没有想到孩子会说出这样的话。或许这话要是有些家长听到可能会大发雷霆。但是仔细想一想，严厉的斥责，是否就真的能够从根本上解决问题?孩子毕竟是孩子，还不很懂事，父母在考虑自己心情的同时，要顾及孩子的自尊，千万不要让自己一时的冲动伤害了孩子的自尊心。所以说，与其对孩子说气话，倒不如冷静下来和孩子倾心交谈。父母要学会克制自己，保护孩子的自尊。

如果父母总是不尊重孩子，动不动就恶言相向，横加指责，也不说明道理，用家长的气势去压倒孩子，明知自己错了，也死不认错，反而让孩子按照自己的想法去做。重压之下的孩子当然是口服心不服。但长此以往，孩子或者会产生强烈的逆反心理，你说什么他都不爱听，不愿做，脾气倔强；或者被吓得畏畏缩缩，服服帖帖，凡事没有主张，唯父母马首是瞻。后者永远只会是父母的孩子，没有个性，没有前途。只有自尊自信才能实现自己的理想，因为他可以面对成绩而不骄傲，也可以面对失败、挫折或者别人的讥讽、嘲弄而不失去自信。

为了避免伤害孩子的自尊心，父母要认真考虑将要说出口的话，提醒自己不要什么话都脱口而出，任何话都要先在心里掂量一下说出来是否合适，孩子听了之后能有什么样的反应，等等。如果父母每次想对孩子发火时都能这样审视自己，久而久之，父母对情绪的控制能力就会越来越强，面对孩子时也就能心平气和地去倾听、理解。

如何才能培养、保护孩子的自尊心呢？可参照如下做法：

1. 要清醒地认识到“语言伤害”的严重程度，在思想上高度重视

要多鼓励孩子，采用积极性的语言教育孩子，时时刻刻注意不要对孩子说伤害话，尤其是在“恨铁不成钢”或气急败坏的情况下，更要保持理智，控制好情绪，努力做到循循善诱。避免说出诸如“你怎么越大越……”“你都这么大的人了，竟然还……”“你怎么就不能像人家……那样呢？”“我刚才是怎么跟你说的？”之类的话。这些话语都会刺伤孩子的自尊和心灵。

2. 每天划出一定的时间与孩子分享

美国的孩子大部分时间都是自己生活，自己动手，自我服务，但父亲或母亲每天都会在一个固定的时间，如临睡前，与孩子交谈，听孩子诉说他一天来的各种感受。中国父母虽然与孩子在一起的时间很多，但也许不知道真正用心聆听孩子讲话对孩子十分重要。

如今不少父母忙于工作，忙于赚钱，把孩子交给老人，用物质补偿代替情感补偿。其实，孩子需要的不是父母们给予的物质，而是和父母进行心灵的交流，需要父母给予更多的关注。家长们与其花钱求心安理得，不如多花点时间陪陪孩子。

3. 接受孩子的各种情感表现，决不要轻易否定

在平常的时候，孩子可能会有一些情绪的波动，但这些情绪的波动在家长看来都是无足轻重的，家长们不太理解。其实这个时候家长应给予孩子同情和支持。

因为成人经历的事物多，很多事不会放在心上，或者见怪不怪，视作很自然的事，而孩子心地纯洁，对事物感受新鲜细腻。看到小朋友摔了一跤，可能会担心得睡不着觉，做父母的千万别说："这是人家的事，又不是你，睡你的觉吧。"看了电影、电视，孩子会为他所喜欢的人物担心、伤心甚至流泪，家长这时如果嘲笑孩子："这有什么好哭的，那是在演戏，全是假的，傻孩子！"那只会使孩子更伤心。

4. 讲究批评的艺术，要以提醒、启发来代替指责、训斥

家长在批评孩子的时候也要讲究策略，不能不分青红皂白，劈头盖脸就是一顿斥责。家长在批评的时候也要捎带着鼓励，既指出孩子的错误同时也鼓励孩子更加努力去做。

5. 强调孩子的优点比批评缺点更有效

对孩子表现好的要及时给予肯定，对孩子错误的地方，应尽量施以正面的引导，避免否定、嘲弄的言语或表情，让孩子知道他在你心里是个好孩子。

6. 让孩子负责一些力所能及的事情

从小被照顾得无微不至的孩子，依赖性强而自我奋斗本领太差，容易遭受打击，失去自信，家长应该让孩子做一些力所能及的事情，来培养他的独立性和责任感。

7. 勇于向孩子承认错误

有些家长在孩子面前总是高高在上。有的时候家长犯了错误，总是想方设法掩盖错误，这样做是错误的。父母有必要让孩子知道父母也是人，也会犯错误，犯错了改掉就好，这样就给孩子树立了一个正面的榜样。当孩子自己犯错时勇于承认，并勇于承担，能很好地培养孩子的责任心。

总之，“良言一句三冬暖，恶语伤人六月寒”，同样是语言，功效却截然不同。父母若想看到自己的孩子自信、善良、聪明、可爱，就要用科学的方法来教育、关爱孩子。不要恶言相向，要多用“良言”，这样可以避免对孩子造成不必要的伤害，因为这种伤害不是一天、两天就能平复的，或许要影响孩子一生。所以家长们请慎用“恶言”，为了孩子，从现在开始，改变自己的说话方式吧。

别拿孩子的缺点来说事

一看到“缺点”这个词，大家都会反思。我们每一个人的身上都有缺点，无论是大人还是孩子，“人无完人”，而且人又是自私的动物，往往眼里看到的都是别人身上的缺点，看不到自己身上的。尤其是身为人母、人父之后，“望子成龙、望女成凤”对孩子的期望值一直都是很高的，不容许自己家的孩子有一点点不满意的地方。所以大多数中国家长们都有一种心态：总爱拿自己孩子的缺点和别人家孩子的优点去比较。殊不知，这样喋喋不休地唠叨让人生厌，而且让孩子产生逆反心理。

一位教育专家指出，我们习惯用放大镜去看别人孩子的优点，看自己孩子的缺点。这样做不仅不能帮助孩子得到良性发展，反而容易让他丧失信心、否定自我。

在美国一个富裕而又很有名望的家庭里，有个智商只有70的儿子。母亲拜托一位经营饭店的朋友，让儿子在他的饭店里打工，专门负责削土豆皮。饭店的主人说："像你们这样的家庭怎么能让儿子干这种活呢？"这位母亲说："这个工作符合他的能力，更主要的是我儿子在削土豆皮时会感到快乐、幸福。"

如果这个孩子在中国的家庭当中，我们会不会像这位母亲那样去对待孩子？可能很多父母都无法接受孩子的这种缺点，因为这与父母的体面、期望不相符。这位美国母亲的伟大就在于，她不是光顾自己的体面，而是关注孩子内心的满足和幸福。她清楚地知道孩子的缺点，又让孩子做力所能及的事情去实现自己的价值。

如果你不能接受真实的孩子，动不动就训斥，孩子很有可能隔绝真实的自我，或者四处小心提防，生怕有什么地方得不到你的认可，或者想方设法讨你的欢心，获得你对他的认可，长此以往，他必然会失去真实的自我。

台湾著名作家吴淡如在《自在一点，勇敢一点》一文中，写出了她学舞蹈的可贵经验。她学的是弗拉明戈舞，这种舞最注意脚法，练了半天之后，好不容易记熟了动作，但跳起舞来，却只有一个"拙"字可形容。她紧张兮兮地盯着自己的脚，生怕一个步跳错，全盘皆输。她的朋友是职业舞蹈者，忍不住提醒她："像你这样一直看着自己的脚，全然没有办法放松身体，根本就享受不到跳舞的快乐。最糟的是：一个人如果跳舞时一直看着自己的脚，观众也会跟着注视你的脚，想知道到底出了什么问题；反之，如果你面带微笑，大家便会看你的脸。”吴淡如得到了启示，接下来，便把注意力从脚步移开，随着音乐节拍，抬头，挺胸，微笑，整体效果大有改进。而这几分钟的舞，过去犹如芒刺在身，现在却是越跳越自然。

吴淡如指出：人人都有缺点，如果对自己的缺点太过在意，太想掩饰，反而会适得其反，会以瑕掩瑜；相反地，承认她，面对它，慢慢地就不在乎了。而一旦你能以淡然的心态来看待自己的、别人的缺点，学习反而可以收到更好的效果。

而现在某些家长，一提到自己的孩子，认为他满身上下都是缺点，没有一点可取之处。因此父母要学会欣赏自己的孩子，别老拿孩子的缺点说事儿，要收起自己的虚荣心，站在孩子的角度，多想想如何做才能促进孩子的快乐成长；可以让孩子“和自己比”，而不是“和别人比”；也可以拿自己孩子的优点与别人孩子的缺点比，把孩子的自信心比出来，把孩子不断努力的愿望比出来。

每个孩子都是独一无二的，父母若能勇敢地面对孩子的缺点，针对他自身特点制订成长计划，相信每个孩子都会拥有属于自己的成功。

爱并接受你真实的孩子，是为人父母者最难做到的事情之一。相反，我们总是忘不了他那些我们视之为缺点的东西，或者沉湎于我们为他编织的未来之梦，担心我们的愿望可能会落空。但是，如果你沉湎于理想化的未来，现实可能会令你失望。如果你将这种情绪表现出来，你和你孩子之间的关系本该让他充满自信，现在却只会让他产生自我怀疑。

这里给家长几点建议：

● 设想一下你的孩子改正了所有让你恼火的“缺点”：他整理自己的房间，挂好自己的外套，饭后主动刷洗碗筷，从不丢三落四。想一想，和你在一起的还会不会是原来那个孩子，他独特的个性是不是也已不复存在，完全不用你这个家长“操心”所有的事情，反过来要“管一管”他看不惯的你的行为，那这就超越了他这个年龄所承受的范围，如果他变成了那样，他可能已经失去了自我。

● 每个孩子都有缺点，也有优点。不要总是盯着自己孩子的缺点，而要关注孩子的优点，发掘孩子的优点，让孩子的优点因得到鼓励而更加优秀。把他的优缺点都列在单子上，用一个优点抵消一个缺点，之后往单子上增加比缺点更多的优点。慢慢地你会发现，孩子的优点越来越多，缺点越来越少。

● 让他活在当下，而不是活在你对他未来的担忧中。父母关注什么、担忧什么，这种行为会逐渐形成孩子的习惯。因此，父母应多关注孩子好的一面，对良好行为给予及时肯定与奖励，淡化孩子的缺点，对孩子的不良行为采取漠然处之的态度，使他没有加深印象的机会。淡化孩子的缺点绝不意味着为孩子的行为护短，也不是发现了孩子的缺点时，将大事化小、小事化了，设法替孩子开脱辩解，而是策略地帮助孩子进行改正。

其实每个人都希望得到别人的关注，孩子更是如此。那些眼睛只盯着孩子缺点的家长，对孩子的一些良好行为却总是三缄其口，视而不见，或许在他们的心中孩子能做到这一点是理所当然的，不值得大惊小怪。而孩子的一些不良行为往往更加引起父母们的注意，有些家长有时候当着他人的面数落自己家孩子的这样或是那样的缺点，长此下去，孩子的缺点非但没有被改掉，反而愈加明显，扩大化了。

不要把孩子当成夫妻吵架的出气筒

在现实生活中，每个人都会有不如意、不顺心的时候，工作的压力、复杂的人际关系以及现代社会中相对的心理封闭状态，使父母许许多多的烦恼无处发泄、难以倾诉。这时，最亲密的人往往成为受害者。

孩子正处于生长发育阶段，好动又容易犯错误，且反抗的力度不够，在不顺心这根导火索的“引导”下很容易成为不理智父母的“出气筒”。殊不知，这样会对孩子造成难以估量的生理及心理创伤。

专家认为，把孩子当做“出气筒”在很多问题家庭中几乎都出现过，其实这是夫妻们缺乏责任感和不理智的表现。常拿孩子当“出气筒”，由此带来的负面影响将伴随孩子的一生，比如孩子缺乏责任感、有暴力倾向、喜欢把过错推给他人，等等。

2011 年 7 月 3 日下午 3 点 40 分左右，上海市某小区发生一幕惨剧：一对夫妇发生争吵，爷爷和外婆曾来到其住所进行劝说，在夫妇俩的情绪暂时平稳后，爷爷先驾车离开。就在随后，丈夫朱某趁妻子和丈母娘不注意将 10 个月大的孩子从 14 楼家中南面的窗户抛下。男婴直接落在楼下的水泥地上，当场身亡。

事发后，男婴的外婆和母亲迅速冲到楼下，但为时已晚。附近房屋中介公司的某职员目睹了惨剧的发生。她说，孩子坠楼后，外婆一直抱着孩子的尸体，失声痛哭，情绪激动，直到傍晚 6 时殡仪车将孩子的尸体运走。警方在事后赶到现场将当事人带回协查。而孩子的父亲朱某企图割腕自杀，后被送医没有生命危险。据邻居称，这对夫妻近来经常吵架。丈夫朱某平时话比较少。

夫妻吵架，我们经常见到，也是难以避免的。每个人都有自己的处事方式，不可能所有的人都达到一致，但是“虎毒不食子”，夫妻两人再有矛盾、隔阂，孩子是无辜的，不能拿孩子撒气，更不能做出威胁到孩子生命的举动。

李女士因为一点儿小事与丈夫起了争执，心里十分烦躁。去娘家接孩子时，看见儿子在看电视，她心里那股无名火不知道为什么就燃了起来，冲着他就是一顿大吼：“你不做作业吗？看什么电视！”儿子显然被这突如其来的怒骂吓住了，胆怯地说：“我作业已经做完了。”要是换做平时，李女士不会再多说什么，但那次听到这样的话，她反而更加生气了，对着儿子又是一顿吼：“作业做完你不知道去看书吗？总是看电视学习成绩怎么会好！”儿子委屈地哭了起来。后来，李女士冷静了下来，才意识到自己把孩子当成了“出气筒”，后悔不已。

这类事件，在家庭里都是频频发生的，孩子根本不知道是怎么回事，也不知道自己哪里做错了。所以，父母亲应先做好自己的情绪管理，培养自制力，才不会在无意间把孩子当做出气筒，而孩子也才会从父母们日常生活对情绪的处理过程中，学会如何管理自己的情绪，甚至进一步认识到在与别人互动的过程中不要把自己的心情转嫁给别人。

我们可以这样比喻，一位客服人员花了半小时对客人软声道歉、解释，最后却还是被客人非常不悦地挂电话了。这个时候，客服人员可以把刚刚受到的委屈发泄在下一位客人身上吗？当然不行！

当孩子不断被父母的情绪转嫁而受到压抑、批评之后，身心发展就会受到扭曲，进而形成性格上的自卑、自闭。这来自后天因素所造成的遗憾，其实就是父母处理自我情绪不当而导致的。

有一个自闭症女孩，她本是个活泼的孩子，只是因为母亲管教甚严，动辄以责骂的方式来对待她。长期下来，女孩失去了自信心，只得退缩到自己心灵的角落。

大人累积一天的工作压力，却没有适当的释放渠道，回到家后，往往只要孩子犯一点儿小过错，有时甚至什么都没做，就会引爆父母的情绪炸弹。此时，孩子只会觉得莫名其妙，不明白为什么会被妈妈骂，也不明白为什么爸爸会对自己大吼大叫，久而久之，孩子就不愿意再与父母谈心，也渐渐地与父母疏远。因此，希望每一对父母都能够从自身做起，做好自己的情绪管理，不要把夫妻之间的困扰，或是大人之间的问题、情绪转嫁到孩子身上。

如果想要避免孩子成为“出气筒”事件的发生，父母请做到以下几点：

1. 不要将不良情绪带回家

首先，家长应当学会调整自己的心态和情绪。也许家长们在工作、人际关系中遇到了很多的麻烦，导致心情十分恶劣，但是一定要记住，不要把这种家庭意外的不良情绪带入到家庭中来，应该学会妥善处理不良情绪，努力把这种情绪解决掉。要明白向家人及孩子发泄没有任何意义，反而会破坏大家的情绪，更不要把这种情绪撒在家人和孩子身上。

2. 和孩子保持平等关系

开明的父母应该做孩子的知心朋友，很多事情可以多多征求孩子的意见和建议，不要漠视孩子的存在，不要以为孩子还小，没有什么想法和主张，一意孤行地替孩子做主，要全面地考虑孩子的情感，经常与孩子进行思想交流。这样的话，父母和孩子之间的关系就会融洽，孩子就不那么轻易成为父母的“出气筒”了。

3. 不要在孩子面前吵架

父母在家庭内部发生矛盾时，不要当着孩子的面争吵，以免让孩子感觉失去安全感，分散注意力，使孩子过分关注父母的矛盾。父母给孩子的印象应是积极乐观、稳定、自信。

对于孩子来说，父母是他最可靠的依赖和保护，他完全地信赖父母，认为父母是最伟大的人。如果父母之间的关系紧张，这种紧张也必然投射到孩子的心灵上，从而使他感到不安和忧虑。有的家长不能很好地控制自己的情绪，因为一些挫折或不顺心的事，便牢骚满腹，或者夫妻之间互相打骂。父母那种气势汹汹的样子、尖厉的叫骂声、充满仇恨的语言，让孩子感到非常害怕，造成情绪紧张，并给孩子暗示：原来父母之间也会发生这么大的矛盾，那么他们对我会不会也这样呢？孩子如果经常处在这种环境中，智力和身体发育都会受到不良影响。

父母在孩子面前吵架，还有损于父母的形象。吵架时双方互相指责对方的弱点和缺陷，这让孩子无法理解。父母双方如果经常吵架，就会常常疏忽冷落孩子。大人处于极度的情绪紧张状态中，从而也造成孩子情绪紧张，妨碍了孩子正常的情感发展，还会导致孩子模仿父母的不正常行为，使得以后的家庭生活受挫或社会适应不良。

因此，孩子不应该成为父母的出气筒，家长们不要将自己的不良情绪倾注到孩子身上。孩子还小，对于大人的世界还不是很清楚，父母不要过早地给孩子不属于他们的压力，应当让孩子在一个轻松的环境下成长，即使孩子真的犯了错误，也要就事论事，不要将自己的情绪带到批评教育孩子上，不能借机发泄自己心中的不快，否则会使孩子无所适从，影响健康成长。

不要偷看孩子的日记

从孩子的整个成长过程中来看，孩子最为依赖的就是父母。但是当孩子有了独立意识后，他们就有了自己的思想和准则，心理上出现了一些新的变化，开始尝试独立。随着年龄的增长，他们对父母的依赖逐渐减少，独立意识增强，原来敞开的心扉开始逐渐关闭，极力想拥有独立的自我空间。这个自我空间里存有孩子的隐私、自信心、思想、表现欲等，唯独没有的就是父母。这个时候父母都比较着急，想知道孩子到底是怎么了。

但是，孩子之所以把他们的隐私藏在心里或者日记本中，就是不希望有人窥视他的秘密，不想与人分享他的秘密。并且，孩子用锁头锁住了他的日记，同时也将他的秘密封存起来，不允许别人随便进入。孩子需要有自己的私人空间，父母要做孩子的知心朋友，而不是孩子私人空间的“入侵者”。但是有的父母往往出于对孩子的关心和爱护，千方百计地窥视、探测孩子的隐私，没想到这种“爱心”却侵犯了孩子的隐私权，成为阻碍其心理健康成长的绊脚石。

一位心理学家曾经讲到：日记是一个孩子的心声所在。孩子的秘密逐渐地多起来，日记就成为孩子心理变化的重要记录。当孩子慢慢长大时，孩子就有了一定的隐私。为父母者应该懂得这一点，千万不要偷看孩子的日记，更不要一次来批评孩子。

可是，还是有许多父母，总是很担心自己的孩子。当孩子有了秘密之后，他们总是诚惶诚恐，还不太习惯自己的孩子对自己有所保留，就千方百计地想了解孩子，翻看书包，偷看日记，然后将这些内容当做孩子的错误，拿去指责孩子，伤害孩子，让孩子感觉到自己的内心被人偷窥，很是狼狈。这样做，父母们是知道了一些孩子的近况，但是后果就是关闭了父母和子女之间沟通的途径，失去了孩子的信任。父母关心孩子的心情是可以理解的，但是这种过度的关心、保护甚至是干涉了孩子的隐私，是不妥当的。

一个中学生为了“防止”父母偷看自己的日记，竟然使用英语写作。这是湖南某地的一个孩子，以前用中文写日记的时候，妈妈经常偷看，只要她做错事受批评的时候，妈妈就会提及她日记中所写的隐私来揭短，甚至还对亲戚朋友讲，这对她的伤害很大。

后来，她就开始用英语来写日记，因为她知道妈妈不懂英语。在她的日记里记录着生活中的每个细节，起初她只是用学过的单词和语法记录着生活中发生过的事情。但是后来她觉得这样写太过简单，于是，她在写日记的过程中，遇到不会的单词时就查工具书，并套用学过的语法。就这样，她的英语日记越写越好，而且她的英语成绩也因此有了很大的提高。

由上面的例子不难看出，孩子对于父母偷看自己的日记是多么地痛恨，但又无可奈何。作为父母，不但要尊重孩子的面子，还要尊重孩子的隐私，不要偷看孩子的日记。孩子一天天长大，一天天有了自己的独立人格，有了自己的内心世界，这个世界一旦被闯入，会有家被小偷侵入的感觉，说得严重些，就是心灵被侵犯。如果侦查与反侦查在家里展开，在这场没有硝烟的战争中，无论结果怎样，对于孩子和家长来说都是一种悲哀。因此，父母请给孩子一些基本的尊重，尊重他们的隐私。

最近，在孩子们中间流行着一句话：防火防盗防父母。孩子们研究出对付父母们偷看日记的方法就是：他们写的日记有两本，一本能给父母看；另一本加锁写秘密，而且要放在隐蔽的地方……显然父母和孩子之间已经出现了“鸿沟”，而且这道“鸿沟”想要跨越并不太容易。

其实，对孩子们来讲，他们希望能拥有一方真正属于自己的空间，来自由飞翔和探索。家长不妨换一种方式爱孩子，给孩子足够的空间和信任让他展翅高飞。

1. 与其窥探孩子的隐私，不如保持“安全距离”

妈妈在打扫房间时，发现了女儿小爽藏着的日记。想起最近女儿有点儿奇怪，打电话总是在没有人的地方，神色也不是很自然，妈妈知道，孩子已经有了自己的小秘密。第二天，妈妈就买了一把锁给小爽，并告诉她，如果有秘密，就把日记锁在她的抽屉里，并表示自己和爸爸一定不会偷窥她的隐私。小爽接过锁和钥匙，暗自庆幸自己有这么开明的家长。

小爽的妈妈很了解孩子的心理特质，注意到女儿有自己的小秘密了。孩子想拥有自己的空间，也希望别人尊重他的隐私。这是孩子独立的一种表现。孩子会逐步减少对父母的依赖，其内心也因丰富多彩而变得敏感。这时候，如果父母采用偷看或强硬手段来了解孩子的隐私，而无视孩子的感受，不仅伤害亲子关系，更会伤害孩子的自尊心。

在这个时候，家长不如向孩子表明自己的立场，对孩子的隐私表示理解和尊重，并且说明会给孩子一个独立的空间让他处理自己的事情。这样就会减少孩子的疑虑和不安，并且拉近家长和孩子的关系，使得孩子更加信任自己，对以后的教育打下良好的基础。

2. 对孩子的尊重，从敲门开始

尊重孩子的隐私，可以表现为更多的细节，如父母进入子女的房间先敲门，不随意翻看子女的日记，整理或移动孩子的物品事先征求孩子的同意，等等。这些细节，能让孩子体会到自己被当做大人一样尊重。

很多家长并没有意识到，进入孩子的房间也需要敲门。家长经常告诫子女进入别人的房间要敲门，但是父母进入孩子的房间却很少敲门。当孩子还处在婴儿期的时候，孩子的所有事都是父母决定的。在孩子长大的过程中，如果父母不以身作则，孩子又怎么能在父母的引领下养成好的习惯呢?

3. 通过建立良好沟通来了解孩子

有的家长在知道孩子有小秘密后，心理落差很大，认为孩子已经不把自己当“守护神”了，也不依赖自己了。其实，孩子有了秘密，正说明孩子长大了，作为家长应该替孩子高兴，而不是想方设法地去窥视孩子的隐私。

如果父母想了解孩子，就应该经常与孩子进行沟通，通过这样的方式去了解孩子内心的想法；并且要相信孩子，理解和包容孩子在成长中的稚嫩做法。

孩子在成长中会遇到各种各样的问题，父母应该积极引导他们面对问题、解决问题，帮助孩子树立解决问题的自信心。在这一过程中，父母应该以孩子的朋友的姿态出现，不能采用发号施令的方式，一定要让孩子在融洽的气氛中放松身心，与父母进行心灵的交流。

当父母用自己的言行切实地尊重和赏识孩子时，孩子自然也会尊重家长，把家长当成朋友一样相处。当孩子遇到一些事情或有小秘密的时候，自然也愿意向家长倾诉。

不要让孩子的假期比上学还累

中国青少年研究中心、日本青少年研究所、韩国青少年开发院及美国艾迪资源系统公司，联合对中日韩美的中学生在学习的意识、学习压力等方面进行了调查。此次中国地区的调查对象是北京、重庆、湖北荆州、广东佛山、辽宁瓦房店、甘肃临洮等地的1868名高中生。

调查结果显示中国的学生压力最大，65.9%的中国父亲和64.3%的美国父亲很关心孩子成绩，高于韩国和日本。72.8%的中国母亲和78.8%的美国母亲很关心孩子成绩，也远远高于韩国和日本。24.5%的中国父母要求孩子进前10名，这个数字是美国的两倍，美国父母较多要求孩子成绩在中上水平。

由调查的数据可以看出，中国家长对孩子的学习十分关心，而这种关心无形中给孩子不小的压力，尤其是假期。我们都知道学生每年都有差不多两个月的假期，很多学生都很盼望寒、暑假的到来。但是一旦假期到来，他们又都普遍感觉到很累，主要是在假期的时候孩子们也都不能够非常放松，家长们给他们的假期排得满满的，各种各样的课外班层出不穷。

有的家长说："上不了好中学，就上不了好大学，以后就业都成问题。"大多数望子成龙的家长都不想让孩子输在起跑线上，看到别的孩子参加各种课外辅导，害怕自己的孩子在开学的时候跟不上，所以假期孩子们都不闲着，甚至比上学的时候还要累。

李女士说："我女儿开学升高中，暑假当然不能闲着，必须利用这两个月的时间抓紧学习。想考重点大学，不补哪行啊！尽管现在大学生难找工作，起码得拿到'敲门砖'吧！"

王先生的儿子今年高一，成绩在班里是中上水平，从初中开始，每年假期都在补课。一方面他和妻子在上班，没法在家监督，另一方面又怕孩子放假在家不是上网打游戏就是去外边玩，只好花几百块钱将儿子送到补习班，自己放心，也好督促孩子学习。

的确，父母的心情是可以理解的，他们一方面怕自己的孩子浪费掉假期的时间，督促孩子抓紧时间学习；另一方面孩子自己在家又不放心，孩子自律能力差，就得找个学习班来约束孩子。

但是，家长是否问过孩子的想法？几乎所有的结果都是家长们自己臆想出来的，大多数家长没有询问过孩子的意见，都是一厢情愿的。而很多学生对假期上补习班持不赞成态度。许多学生在网上表达着自己的心声，他们认为补课是在浪费脑细胞，放假就应该彻底放松，以愉快的心情迎接新学期，而不是奔波在各类补习班间，被父母的唠叨和做不完的题淹没。

杨骁是一名初中学生，他曾抱怨说："好不容易盼来了暑假，刚出校门又被送进补课班，这下既休息不成也玩不上了。本想假期里睡到自然醒，自由安排时间，没想到假期比在学校上学还累，每天从早上补到晚上才能回家，中午只有两小时休息时间，之后还有一大堆作业，晚上要学到过12时才能睡觉。"他的最大愿望是假期好好放松一下，不再"赶班"，"现在还不如不放假的好"！

和他有类似经历的初三学生李想也大倒苦水："本来以为中考结束可以松一口气，没想到父母早就报班让我提前学高中知识。家长这样强迫补课，像填鸭子似的，恨不得让我们在短时间里学会很多东西，却不重视效率。其他同学都在补课，不去补的话，父母就说我不求上进，只能屈从。”

类似的例子，在我们的生活中很常见。对于假期生活，专家建议，家长对孩子的学习、升学应该有平和心态，在假期抽出更多时间，好好陪孩子玩一玩，放松一下；学习方面要以培养学习兴趣为主，不要给孩子制造过多的精神负担和压力。

其实，各类学习班名目众多，孩子在学习班的学习效果不一定好。

某学校附近的一栋居民楼里，一个补习班的牌子挂在门上。教室里30余名学生正在上物理课，部分学生昏昏欲睡，后排有三四名学生已经趴在桌子上。下午6时许，一门课结束了，校门外不少家长等着接孩子。

假期补课过多，还有可能引发诸多心理问题。家长在抓孩子学业的同时，要特别警惕孩子“过劳”带来的心理问题。休息、玩乐对于孩子来说同样重要，“文武之道，一张一弛”，现在很多中小学生都处于“过劳”的状态，老师和家长要防止“勤奋”过了度。让孩子过于“努力”，不仅可能造成厌学情绪，更有可能造成抑郁、强迫、焦虑型人格，对孩子的心理健康以及成长发展极为不利，而充分放松身心，意义不亚于学习。

而且，现在都提倡素质教育，就应该还给孩子一个绿色假期。现在的学生学习压力大，也许没法像西方国家那样全面培养学生素质，真正落实素质教育，所以出现了一批所谓“高分低能”的学生。要扭转这样的现状，必须从家长、学校、老师乃至全社会做起，重视学生的其他能力，例如，与人沟通合作的能力，良好的适应交际能力，成熟健全的抗打击能力，敢于直面挫折与挑战的能力等。

现在的孩子大部分缺乏基本生存和生活能力，甚至连一般家务活也不会做，更不用说自食其力，走上社会靠双手赢得一席之地了。

孩子们急需的不是一味追求文化课成绩的提高，重要的是补好生活课，过一个充实、愉快有意义的绿色假期。孩子的绿色假期可以通过丰富的文化活动、外出旅游、社会实践、打工赚钱等形式体现，而不是一味地在假期提高学习成绩。作为家长应该重新审视现在孩子面临的问题，不要一味认为学习成绩高了就万事大吉了，应该全方面、多角度培养孩子。

中篇

为人父母，该出手时就出手

相信每位父母都不会忘记孩子呱呱坠地的时刻，那种初为人父、人母的激动和喜悦，是任何语言都无法描述的，是一生中最甜蜜的时刻。当一个小生命出现在你的身边时，你的生活变得和过去完全不同，孩子的一举一动都牵动着你，让你时刻都记挂着他。你摸索着他的情绪，揣摩着他的意愿，一切都显得很茫然，甚至还有些手足无措。

但是，随着孩子渐渐长大，教育的问题也日益凸显，好的教育方法使孩子受益终生。所以，作为父母，作为肩负教育下一代责任的父母，你做好接受这一艰巨任务的准备了吗?

第五章　习惯决定命运

英国作家萨克雷曾说过：播种一种行为，可以收获一种习惯；播种一种习惯，可以收获一种性格；播种一种性格，可以收获一种命运。

学习的好坏，20%与智力因素相关，80%与非智力因素相关。而在信心、意志、习惯、兴趣、性格主要非智力因素中，习惯又占有重要位置，所以说习惯决定着一个人的命运。

一根小小的柱子，一截细细的链子，拴得住一头几千斤重的大象，这不荒谬吗？可这荒谬的场景在印度和泰国随处可见。那些驯象人，在大象还是小象的时候，就用一条铁链将它绑在水泥柱或钢柱上，无论小象怎么挣扎都无法挣脱。小象渐渐地习惯了不挣扎，直到长成了大象，可以轻而易举地挣脱链子时，也不挣扎。

驯虎人本来也像驯象人一样成功，他让小虎从小吃素，直到小虎长大。老虎不知肉味，自然不会伤人。驯虎人的致命错误在于他摔了跤之后让老虎舔净他流在地上的血，老虎一舔不可收，终于将驯虎人吃了。

小象是被链子绑住，而大象则是被习惯绑住；虎曾经被习惯绑住，而驯虎人则死于习惯。

所以说，习惯几乎可以绑住一切，对于一个家庭来说，孩子是至关重要的，养成一个好的习惯对孩子的一生都是受益的。

养成读书的习惯

犹太人从不焚烧书籍，即使是一本攻击犹太人的书。在人均拥有图书馆、出版社及每年人均读书的比例上，犹太人（以色列人）超过了世界上任何一个国家，堪为世界之最。

在每一个犹太人家里，当小孩稍微懂事时，母亲就会翻开《圣经》，滴一点儿蜂蜜在上面，然后叫小孩去舔书上的蜂蜜。这种仪式的用意不言而喻：书本是甜的。

孩子们能够从小就体味到读书是一桩快乐的事情，从而终身享受书籍所带来的无穷乐趣，也就是社会、学校与家长所共同给予他们的最好的童年礼物。

读书——从小处说，可以开阔视野，丰富人的精神生活；从大处讲，可以传承文化，可以提升人的精神境界，创造出新的文明。可谓：终身读书，终生受益。

古人云："松声、涧声、琴声、鹤声……皆声之至清者，而读书声为最。"

中华民族作为一个有着五千年文明史的礼仪之邦，好读之风古已有之。

清代咸丰年间有个武官叫张曜，因苦战有功，被提拔为河南布政使。他自幼失学，没有文化，常受朝臣歧视，御使刘毓楠说他"目不识丁"，因此咸丰帝改任他为总兵。张曜从此立志要好好读书，使自己能文能武。张曜想到自己的妻子很有文化，回到家要求妻子教他念书。妻子说：要教是可以的，不过有一个条件，就是要行拜师之礼，恭恭敬敬地学。张曜满口应承，马上穿起朝服，让妻子坐在孔子牌位前，对她行三拜九叩之礼。从此以后，凡公余时间，都由妻子教他读经史。每当妻子一摆老师的架子，他就躬身肃立听训，不敢稍有不敬。与此同时，他还请人刻了一方“目不识丁”的印章，经常佩在身上自警。几年之后，张曜终于成为一个很有学问的人。后来，他在山东做巡抚时，又有人参他“目不识丁”。他就上书请皇上面试。面试成绩使皇上和许多大臣都大为惊奇。张曜在山东任上，筑河堤，修道路，开厂局，精制造，做了不少利国利民之事。因为他勤奋好学，死后皇帝谥他为“勤果”。

与古代相比，现在的孩子读书的现状却不容乐观，可能受多种客观条件限制。

曾有过一个关于孩子读书情况的调查：经常看课外书的占26%，偶尔看的占56%，从不看的占18%。

现在的孩子的时间几乎全被电视剧、动画片、游戏占去了，色彩鲜艳的画面远比书籍上的文字有吸引力。大部分家庭虽然都有经济能力给孩子买书读，但是孩子却没有养成读书的好习惯。现在，培养孩子的阅读习惯，给孩子一个书香飘逸的童年确实迫在眉睫。

国外有谚语云：“人是习惯的奴隶。”的确，如果孩子从小养成良好的阅读习惯，将来他就能在没有任何强制因素的情况下，非常自觉、饶有兴趣地读书、学习、交际。从人的一生来说，在校阅读的时间和内容都是短暂而有限的，而在学校以外甚至是离开学校步入社会，在工作和生活中读书，则是终身所需。因此，从小培养孩子良好的读书习惯，便是着眼孩子一生的发展，让他们终身受益。

杜甫有云：“读书破万卷，下笔如有神。”唐彪也曾说：“文无他术，惟勤而多为之自工。”古代先哲们精辟的论断，一针见血地指出读书的重要性。现在的父母更应该努力培养孩子良好的读书习惯，并且让这样的习惯陪伴孩子的一生。那么家长应该怎样去做呢？

1. 兴趣是最好的老师

著名物理学家杨振宁曾说：他不赞成有人说他是“刻苦”学习的，因为他在学习中从没感到“苦”，相反，体会到的是无穷的“乐”。

事实上读书若能给孩子带来快乐，那么孩子一定喜欢读书，这也是孩子坚持读书的情感基础，否则孩子就会将读书看做一项必须去完成的任务，从而失去了读书的主动性。

法国昆虫学家法布尔，从小就对昆虫产生了浓厚的兴趣。有一天夜里，他提着灯笼，蹲在田野里，观看蜈蚣是怎样产卵的，一连看了好几个小时。他忽然感到周围越来越亮，抬头一看，原来太阳已经从东方升起，天亮了。还有一次，法布尔爬到一棵树上，聚精会神地观看螳螂的活动。突然，他听到大树下有人大喊：“抓住他，抓住这个小偷！”这才使他大吃一惊——原来人们竟然把他当做小偷！法布尔为什么对昆虫的观察如此入迷？因为他对昆虫研究产生了浓厚的兴趣。

很多父母都知道，兴趣是人们力求认识某种事物或者是爱好某种活动的倾向。这种倾向总是和一定的情感联系在一起。法布尔从小就对昆虫感兴趣，激发了他终身研究昆虫的志趣，写下了巨著《昆虫记》，共十卷，对昆虫学做出了巨大的贡献。在学习过程中，学习的兴趣和学习的效果是成正比的，浓厚的学习兴趣可以使孩子对学习产生浓厚的兴趣。

读书也是这样。浓厚的读书兴趣也能使孩子对读书产生兴趣，充满热情，克服各种各样的困难，全力以赴实现自己读书的愿望；反之，不感兴趣，只是在强迫的条件下去读书，则味同嚼蜡，没有任何意义了。

张女士从小没怎么读书，主要是因为当时家里生活条件不好，所以她对这件事情很遗憾。有了孩子之后，她就想一定要让孩子多读书，不再有这样的憾事发生。但是她的孩子并不理解她的苦心。由于她经常唠叨、督促孩子读书，孩子多少有些反感，总是将读书当做非常重的任务来完成。久而久之，孩子就不爱读书了，也不再主动读书了。

所以说，读书不能强迫。在孩子不愿意读书的时候，父母应该冷静地了解和分析孩子不肯读书或功课不好的原因。有的孩子由于身体和智力的原因确实无法读书，或读书困难很大，这时父母就更应该关怀他们，爱护他们，与他们一起寻找对策，而不是强迫。

但是兴趣不是天上掉的馅饼，是要从小培养的，家长们在培养学生爱看书之前，可以先让孩子爱听——家长读给孩子听。家长首先要了解孩子，知道孩子喜欢听什么，喜欢做什么，培养他们的好奇心；然后再选择适合孩子的读物，如童话故事、成语故事等，读给他们听。这不但激发了孩子读书的兴趣，并且随着年龄的增长，孩子的读书热情更是急剧升温。

2. 阅读时间——定时与不定时相结合，突出自律

固定孩子读书的时间，是促进孩子养成勤于阅读的习惯、保证阅读质量的一个重要条件。

3. 让孩子有目的、有选择地读书

书籍浩如烟海，读书人仅是一叶扁舟，盲目地读书，会使人迷失方向。家长要根据孩子的兴趣、爱好、心情、心境，以及阅读能力，给孩子推荐不同的书目，并引导孩子吸收不同书籍的优秀之处。家长做不到的，可以让老师多介绍适合孩子读的书，并且让孩子养成做读书笔记的习惯，学习书中的写作方法，积累好词好句。长期以往，孩子便会根据自己的需求，有目的、有选择地读书，并能清楚地知道在不同的书中，要学到什么，而不是盲目地读书了！

4. 锻炼孩子坚持读书的毅力

习惯在于坚持，做起来却是有难度的。难就难在坚持上，读书的习惯重在让孩子坚持下来：

① 营造读书氛围。在家里处处要有读书的气氛。家长们更要以身作则，带头读书，对孩子言传身教，潜移默化。

② 解决书源。除了家长买的一些读物外，孩子们在学校图书馆、阅览室都可以借到图书。除此之外，多让孩子们逛书店，培养他们爱书、藏书的好习惯，让他们把零花钱、压岁钱用在买书上，这会让孩子终身受益。

③ 制订读书方案。家长们要引导学生有计划地读书，制订适合自己的读书方案，规定要读的书籍，以及每天固定的读书时间。

④ 体验成功的喜悦。家长们定时听一听孩子的读书心得。如果条件允许，父母可以和孩子共同讨论书中所讲的内容，体验成功的喜悦。这样会让孩子乐读书，感受读书乐，才会真正养成读书的习惯。

5. 家长和子女共同阅读

常言道：“言传身教。”要想培养孩子爱读书的习惯，家长的读书习惯对孩子读书习惯的养成是有深远意义的。家长可以经常带着孩子逛逛书店。在这样的氛围中，孩子难免受到感染。也可以在家里增加一些藏书，鼓励孩子自己翻阅。

专家说，陪孩子阅读“是高层次学习型家庭的联系方式，是高水平的沟通情感的方式”。

这样的沟通不仅可以引导孩子热爱阅读，同时也让家长自己养成爱读书的习惯，体会读书的乐趣。用当下时髦的词汇来说，这是一件“多赢”的事情。

读书使人益智而养性，读书能够塑造健全的人格，读书能够使孩子成为具有文化底蕴的人。只要孩子养成很好的读书习惯并长期坚持下去，相信我们的孩子会变得更加优秀。

“最是书香能致远，阅读之乐乐无穷”，让我们和孩子充分利用时间共同领略读书的乐趣吧！

养成勤于体育锻炼的习惯

人们常说“生命在于运动”，可是面对电视、电脑、漫画书的诱惑，孩子们却运动得越来越少了。

加拿大新闻社消息称，加拿大中学生在校的运动量普遍比预期少；英国政府的调查结果也显示，英国500万年龄在2～11岁的儿童，由于缺乏运动，目前都存在肥胖的问题。我国虽然还没有此类研究，但相关专家表示，中国的城市儿童同样普遍缺少运动。

随着经济的快速发展，生活节奏的不断加快，人们生活质量极大的改善，人与自然的接触却越来越少。“身体是革命的本钱”，体育锻炼作为人类自身发展的重要手段，同时是孩子健康成长的有力保障。因此，我们应该清醒地认识到体育锻炼的重要性。

体育锻炼能促进儿童身体的全面发展：骨骼生长需要不断地吸收蛋白质和无机盐（特别是钙和磷），人体必须有足够的维生素才能使钙和磷很好地吸收。户外活动时，日光中的紫外线，可以使皮肤中的一种物质（麦角固醇）转化成维生素D，促进钙磷吸收。

另外，体育锻炼中，跑跳等动作对骨骼的骨化中心能起一种机械刺激作用，从而改善血液循环，促进骨骼的生长发育。经常锻炼，使肌纤维变粗，肌肉血液供应好，毛细血管增多，促使肌肉强壮。运动中，肌肉活动是在神经系统的直接指挥下进行的，肌肉有节奏地收缩和放松，也对神经系统产生良好的作用。由于神经系统与身体各组织、器官的联系加强了，因而改善和提高了彼此之间的协调能力。

体育锻炼能使儿童更聪明。一个人是否聪明，主要取决于大脑的功能。儿童大脑需氧量占整个人体需氧量的50%，体育锻炼消耗大量的能量，为了满足运动的需要，新陈代谢加速，血液循环增强，从而保证大脑获得更多的氧气和养料。大脑工作时的能量来源于血液中的葡萄糖，体育锻炼还可使体内胰岛素工作正常，使大脑处于兴奋状态，更好地发挥“聪明”功能。

体育锻炼能增强儿童的抵抗力：体育锻炼作为防治疾病的手段是任何药物都无法替代的。比如，一个人坐着不动，一分钟只能摄取1/4升的氧气，而跑5千米，1分钟能吸取2升的氧气，等于坐着不动时的8倍。仅从获氧量来看，锻炼与不锻炼对健康的影响就大不相同，经常参加体育锻炼，经受各种气温的刺激，尤其是在冬季，能更有效地改善心脏、血管系统的功能，提高身体对寒冷刺激的适应能力，有利于提高孩子适应环境，抵御疾病的能力。良好的体能是学习和工作的保证。儿童时期是人一生中身体发育的重要时期，调查表明，经常参加运动的孩子与同龄孩子相比，平均身高4厘米以上，肺活量多200毫升以上。此外，体育锻炼还能改善孩子的心理气质，形成热情活泼、积极向上的精神风貌。

体育锻炼有利于增强孩子的拼搏意识。孩子是天真无邪的，也是争强好胜的，同时孩子应该是在无数次赞美与肯定中健康成长的。而体育锻炼正是孩子学习以外的另一块天地和乐园。跳高、跳远、跑步、单杠、双杠、球类等诸多体育项目均能让孩子找到自我的位置与空间。而学校组织的运动会更是培养孩子拼搏意识的平台。看到别人跳得比自己高，自己也刻苦练习……在运动中最容易激起人的拼搏精神。要拼搏就要有目标，成长中的孩子能够明确自己的目标，绝对是件大好事。

体育锻炼有利于培养孩子的团队精神：运动不是一个人的，许多有益身体健康的运动都需几人甚至几十人。篮球、排球、接力跑、拔河等学校常见的比赛运动，需要孩子的同心协力。在训练中，孩子们需要相互的关心与帮助；在比赛中，孩子们需要团结、协作；面对比赛成绩时，大家共享胜利的喜悦，共担失败的责任。这种由体育运动所展示的集体荣誉感和责任感，是其他许多活动都无法比拟的。而在登山等集体活动中，孩子们的相互关爱、相互帮助、相互照顾的团队精神将体现得更加淋漓尽致。

总之，体育锻炼的好处很多，给孩子的健康成长提供了有力保障。只有不断地激发孩子的体育兴趣，持续让孩子加强体育锻炼，才能使孩子拥有健康的体格和旺盛的精力。

但是“望子成龙”的家长们受“不要输在起跑线上”等观念的影响，让孩子从上幼儿园开始就参加除了体育锻炼之外的各类兴趣班。所谓的兴趣班又未必是孩子感兴趣的，多数是家长感兴趣的。而这样的课外班，多数是坐着不动的。孩子随着渐渐长大，学习任务加重，从小就没养成运动的习惯，年长一些运动时间就更少了，所以现在的孩子多数都是喜静不喜动的。

还有，现在很多学校运动器材不充裕，操场又是小之又小，家里更不用说了，居民楼下没有活动空间，致使孩子们都“宅”在家里了。

调查显示，因城市化的发展，我国60%以上学生的居住环境不具备进行体育运动的条件。

现在，家长自己也没有时间陪孩子一起出门做运动，担心孩子单独外出不安全，索性就把孩子关在屋里。

再有，学生升学考试的沉重压力，使得体育锻炼的机会少之又少。家长、老师更看重的是学生的学习成绩，他们认为花那么多的时间去锻炼，太浪费时间，应该争分夺秒地去学习语文、数学、外语等学科，分数高才是硬道理。这样也导致现在孩子的运动量越来越少。

鼓励孩子参加体育运动是有必要的。那么，怎样才能让孩子爱上运动呢？

1. 家长是孩子最好的榜样

父母是孩子模仿的榜样，体育锻炼也是一样的，为您的孩子做一个好的榜样。找些能够让您保持活动的事情来代替夜晚在电视机、电脑前消磨时光。在暖和的天气里，去户外骑车。如果天气太冷买一个立式单车、跑步机或是蹦床。家长不能只是用语言来告诉孩子运动的必要性和愉悦性，应该用亲身体会告诉他，这样更有说服力。

2. 和孩子一起参加锻炼

首先，家长在日常生活中，要多建议孩子参加体育锻炼，给孩子灌输运动的好处。和孩子在家或者在公园一起做些运动。通常，和家人一起运动，可以使孩子享受其中的乐趣。如果孩子在运动中表现较差，有所退缩，家长还要多鼓励孩子，让孩子增强信心。同时，尽可能多地给孩子安排运动的机会，保证充足的锻炼时间。

另外，父母的支持和陪伴，是孩子进行体育锻炼的最大动力。家长想提高孩子的运动积极性，可以身体力行，陪孩子跑跑步、做做操、周末进行一场家庭羽毛球赛，在运动的过程中培养孩子的兴趣。如果平时孩子的功课忙，家长可以利用假日进行爬山、远足等活动，全家人在缓解压力、舒缓视疲劳、放松心情的同时，也能达到很好的“出汗”效果。

3. 不要干预孩子的运动兴趣

孩子的好奇心很强，常常会心血来潮，突然对某项运动产生极其浓厚的兴趣。这时，家长不要打击他的信心，而是鼓励他去尝试，如果孩子喜欢这项运动，就应让其坚持下去。如果家长不考虑孩子的兴趣和特点，功利地觉得某项运动能起到较好的锻炼效果，就强迫孩子去参加，反而容易引起他的厌恶情绪。

孩子对运动不感兴趣，也许是没有找到他感兴趣的项目。家长要让孩子尝试不同的体育项目，通过真正接触，帮助孩子找到自己的兴趣点。当孩子的运动兴趣慢慢培养起来后，他就会主动地参加锻炼了。

4. 培养长期锻炼的习惯

孩子做事往往缺乏自觉性和毅力，很难坚持下来，对体育锻炼的兴趣也容易转移。如果家长放松对孩子的监督提醒，孩子就可能出现“三天打鱼两天晒网”的偷懒情况，影响体育锻炼的效果。体育锻炼是一场“持久战”。每天能让孩子运动一小时固然最好，但如果孩子的课业负担比较重，家长可以和孩子制订一个运动计划表，平时适当减少运动的次数，周末延长一些运动时间。定期定时完成锻炼，可以帮助孩子养成坚持运动的好习惯。

5. 帮助孩子找到适合他个性的体育运动方式

有些孩子喜欢球类运动，比如棒球、足球和网球；有些孩子则喜欢游泳、马术、体操或航海。观察孩子的强项和弱项，以及孩子喜欢的和讨厌的运动。让孩子尝试几种不同的运动方式，直到他找到一种适合他的运动。你可能整个童年时期都打棒球，并且依然很热爱这项运动，但如果你的孩子喜欢游泳，就要支持孩子的选择，同时也可以友善地鼓励他尝试一下你喜欢的这项运动。

生命在于运动，坚持体育活动，不仅可以增进健康，还可以预防疾病。对于学习压力日趋加重的现代学生来说，适当地进行身体锻炼是很有好处的，不仅可以提高运动素质，还可以做到劳逸结合，使智力水平得到充分的发挥。所以，家长更应该从小培养孩子热爱体育锻炼的习惯。

培养孩子勤俭节约的习惯

社会在不断地进步，不断地变化，经济的快速发展，改变了我们的生活方式、生活习惯和消费习惯。

在我们积极消费的生活的今天，我们的孩子——消费王国的主力军，他们的消费习惯也在发生着翻天覆地的变化。

如今的孩子大多是独生子女，长辈们视若掌上明珠，“捧手心里怕碎了，含在嘴里怕化了”，对他们可以说是百依百顺。殊不知，这样对孩子的身心发展、良好道德行为的养成都是极其不利的。同时，摆阔气、攀比、比吃比喝等方面的信息都影响着孩子们，使得他们对勤俭节约的意识很薄弱，有不珍惜劳动成果、铺张浪费的不良行为。对此，我们家长必须引起高度重视。

一次，某学校组织夏令营活动。到部队的农场基地后，孩子们卸下行李，令老师们很吃惊，一个个书包、行李袋里装满了零食，只有5天的培训要带这么多吃的吗？这还没完。第一天刚吃完午饭，孩子们都跑到基地的小店去买东西吃，而从家里带来的东西早就消灭掉了。据统计，这次夏令营平均每个孩子从家里带来的食品均在100元以上，另外，家长还给他们200元左右的零花钱。这个数字令人惊讶，难道5天的时间孩子们就要消费300多元？

更有甚者，在这5天的培训期间，竟然有学生花去500多元，家长还过来频繁探望，带来好吃好喝的“慰劳”孩子。这样的消费明显是一种攀比消费，由于家长的一贯纵容，孩子都要求家长开车来接自己，不坐学校的大巴车。

印度作家泰戈尔也说过：“鸟翼系上了黄金，这鸟就永远不再在天上翱翔。”

孩子幼小的心灵如果滋生了金钱至上、金钱万能的错误观念，处理不好，孩子就会一切向钱看，就会只知道索取，不知道奉献，就会只想享受权利，而不想尽点义务。

家长应该如何去做，如何培养孩子的勤俭节约的习惯？我们先看看其他国家的家长是怎样做的。

美国的家长有着完全不同的做法。他们平时很少给孩子零花钱，因此，孩子们会通过在校园里拣垃圾、收集饮料瓶来换成钱，或是给别人送报、修剪草坪来赚取自己的零花钱。每个孩子都不会有一丁点儿的难为情，他们更为自己赚到钱而自豪。美国父母的目的就是培养孩子自力更生、勤俭节约的习惯。

韩国一个普通的家庭，父母除了提供较为优越的学习资源给孩子，其他方面都是比较苛刻的。韩国的孩子基本上没有零花钱，因为所有的文具等学习用品都是由家长、学校准备好的，不需要自己再购买，所以都没有给零花钱的习惯，长辈也没有给孩子“红包”的习惯。但是，韩国的家长很注重孩子，吃苦精神的培养，经常让孩子参加户外生存考验活动。孩子的户外生存体验是不带一分钱的，不带任何零食的，靠自己的能力用仅有的资源学会在比较恶劣的条件下学会生存。

杰克从小花钱就没有计划也不节约，一切随着性子来，想怎么消费就怎么消费。转眼间，杰克上了大学，爸爸为了限制杰克花钱的速度，跟他约定每个月的1号给他寄500美元的生活费。

然而，多年的习惯不是那么容易就能改掉的，杰克照旧花钱如流水，毫不节制。有时，他跟朋友出去到餐馆或娱乐场所挥霍，请一次客就能把一个月的生活费都花光。所以，每个月不到15号，杰克就囊中羞涩了。

每当杰克身无分文时，就会立刻打电话给父亲，要求他提前寄下个月的生活费过来。父亲总是心疼儿子，容忍了孩子的错误行为。这也使杰克更加肆无忌惮，他花钱无度的毛病越来越严重了。

这天，杰克又出现了“金融危机”，他联系父亲说：“爸爸，我饿坏了。”若是以往，爸爸隔天就会把钱寄过来。然而，这次杰克没有看到汇款，他收到了来自父亲的简短回复：“孩子，饿着吧。”

接下来的日子就难熬了，杰克想尽办法节衣缩食、精打细算，对每一分钱都做好了安排。然而，事情也确实很奇妙，身上只剩下20美分的杰克居然撑了足足一个月。体验到吃苦受罪滋味的杰克，学会了有计划地花钱。

以后的每个月，杰克居然还能省下100美元存起来。这样，杰克的生活变得丰富也有意义了。杰克用这些钱买了自己喜欢的书、唱片。他的大学生活，也因为学会了勤俭节约而比以前过得更加充实了。

相比较而言，我们中国的家庭，刚刚过上幸福的生活，由于攀比心理，很大程度上是家长的这种攀比心理影响了孩子，而又在很大程度上滋长了孩子的虚荣心。

国外的父母非常注重培养孩子的勤俭节约、理性消费的习惯，相比较，我们就差了一些。

古人云：勤能补拙，俭以养廉。节约既是一种良好的习惯，也是一种美德。从小培养孩子的节约美德，养成勤俭节约的好习惯，将使孩子终生受益。

要培养孩子勤俭节约的好习惯，既要强化孩子的节约意识，也要帮助孩子积累一定的节约经验、手段和方法，让勤俭节约成为孩子们的自觉行为。

1. 注意“言传”的方式方法

家长对孩子不同的年龄段的心理特点要有充分的了解，结合孩子的知识水平，引导孩子自我教育，提高孩子的道德认识，培养他们勤俭节约的好习惯。

2. “身教”同样很重要

父母是孩子的一面镜子，也是第一任老师，因此家长要以身作则。生活中，很多孩子在吃、穿、行上攀比成风；在日常生活中随意浪费粮食；平常在外面吃饭时大手大脚，剩的要比吃得多；为了摆阔气乱点很多菜，吃不完也不打包带走。究其原因，还是家长对孩子的影响不够。如果家长在生活中不懂得勤俭节约，让孩子自己学习勤俭节约也是不可能的。所以，家长的一言一行都将影响和熏陶孩子，平时勤俭节约，为孩子示范非常重要。家长应该从每件小事做起，用自己的良好行为去感染、教育孩子，使孩子提高行为的理智性，真正养成勤俭节约的良好行为习惯。

宋代开国皇帝赵匡胤自己生活简朴，反对奢侈。其女儿在他的影响下，不穿用翠羽装饰的贵重短袄。一时节俭风气举国盛行，大宋国也随之强盛起来。

还有一个真实故事：一些家长向专家反映，他们的孩子用餐总有剩余。专家调查得知，这些家长自己吃饭往往心不在焉，胡乱扒拉几口，没吃干净就忙自己的事去了。后来在专家的指导下，家长们从自己做起，“规规矩矩”地吃饭，用实际行动教育孩子。

很快孩子们意识到浪费粮食是可耻之举，他们碗中的剩饭自然也随之消失。

3. 通过劳动体验更加真实有效

家长平时多安排孩子进行力所能及的劳动和家务劳动。通过劳动让孩子体验到劳动的艰辛，懂得劳动成果的来之不易，从而培养孩子艰苦朴素、热爱劳动的好习惯。

4. 指导孩子合理使用零花钱

要培养孩子的理财意识，首先家长给孩子的零花钱要有计划，要限制数额，不要有求必应，应该根据孩子的年龄和实际用途，定时定量地给。

家长还要关心孩子的零花钱都用在了哪里，如果近期的钱没有办法说明去处，家长就该停发。

让孩子学会记账，管理自己的零花钱。很多孩子每年都有大量的“压岁钱”，对这笔钱的用途，家长各有办法。但是如果钱的数量过多还是放在家长那里，只留一部分给孩子。家长可以设立一个“学习基金”，让孩子动用“学习及基金”，平时自己购买学习用品也可以从中支出。

5. 经常给孩子讲勤俭节约的道理和故事

“一粥一饭，当思来之不易，半丝半缕，恒念物力维艰。”让孩子懂得所吃、所穿、所用来之不易，随意浪费是不珍惜劳动果实、不尊重劳动的表现。

古今中外勤俭节约的故事不胜枚举。毛泽东一生粗茶淡饭，睡硬板床，穿粗布衣，生活极为简朴，一件睡衣竟然补了73次、穿了20年。经济困难时期，他自己主动减薪，降低生活标准，不吃鱼肉、水果。20世纪60年代，有一次他召开会议到中午还没有结束，留大家吃午饭，餐桌上是一大盆肉丸熬白菜，几小碟咸菜，主食是烧饼。

英国女王伊丽莎白二世经常说的一句英国谚语是"节约便士，英镑自来"，每天深夜她都亲自熄灭白金汉宫小厅堂和走廊的灯，她坚持皇家用的牙膏要挤到一点儿不剩。

号称"车到山前必有路，有路必有丰田车"的日本丰田公司，在成本管理上从一点一滴做起，劳保手套破了要一只一只的换，办公纸用了正面还要用反面，厕所的水箱里放一块砖用来节水。

他们是令万人敬仰的领袖，尊贵的女王，世界著名的跨国公司，节约意识竟都如此强烈。我们在赞叹之余，要让孩子们领悟其中的道理。

幽默风趣是一种人生态度

幽默是一种特殊的情绪表现。它是人们适应环境的工具，是人类面临困境时减轻精神和心理压力的方法之一。

幽默是人与人之间的润滑剂，透过幽默的表达，可以舒缓紧张情绪，更能营造出快乐的气氛。

俄国文学家契诃夫说过：不懂得开玩笑的人，是没有希望的人。

可见，生活中的每个人都应当学会幽默。多一点幽默，少一点气急败坏，少一点偏执极端，少一点你死我活。

幽默可以淡化人的消极情绪，消除沮丧与痛苦。具有幽默感的人，生活充满情趣，许多看来令人痛苦烦恼之事，他们却应付得轻松自如。用幽默来处理烦恼与矛盾，会使人感到和谐愉快，相融友好。

幽默在人际交往中起着举足轻重的作用。一个幽默风趣的人，往往比不具幽默感的人更受到大家的喜欢。同时，幽默还能帮助我们更好地应对生活和学习中的压力和痛苦，更开心地生活。随着时代的发展，现代家庭开始越来越重视孩子幽默感的培养。

根据美国专家从事的专题研究，幽默感是情商的重要组成部分。而人的幽默感大约三成是天生的，其余七成则须靠后天培养。因而在儿童教育专家的倡导下，许多家长甚至在婴儿刚出世6周便开始对其进行独特的“早期幽默感训练”。实际，不少较聪明的婴儿这时确已萌发“幽默意识”。

据专家研究显示：

1周岁左右的孩子对他人的脸部表情已十分敏感。在其学步摔倒时，美国的家长们大多是冲他做个鬼脸以表示安抚。幽默的力量是无穷的，此时他往往会被大人扮的鬼脸逗得破涕为笑。不仅如此，家长还鼓励孩子们模仿做鬼脸，做得愈怪异愈能得到赞赏。

2周岁时的幼儿已能从身体或物品的不和谐性中发现幽默。如，大人把袜子“戴”在自己的手上，脸上则露出难受的表情。在美国，若孩子这时也学着把手套“穿”在脚上，家长不仅不对孩子横加指责，相反跟孩子一起哈哈大笑。

3岁幼儿的智力，已发展到能认识概念不和谐中潜藏的幽默。当爸爸故意手拎妈妈小巧的女式皮包，或妈妈故意戴上爸爸粗大的男式手表时，孩子见了即会一边摇头一边大笑不止。美国的家长往往默许孩子装模作样地戴上爷爷的大礼帽，手持拐杖，行步蹒跚，从模仿中体味幽默的快乐。

4岁左右的幼儿特别喜欢“过家家”，或扮演卡通人物。当美国人发现自己的儿子与邻家小女孩正在十分投入地扮演王子和公主时，不仅不阻拦，自己还可能客串坏蛋之类的小角色，“添油加醋”地让气氛更为生动、活泼。

孩子长到5~6岁时，便可能对语言中的幽默十分敏感。这时，美国家长会利用同音异义词和双关语的巧用及绕口令等的学习，增强孩子的幽默感。

7岁的孩子大多已上学。他们往往喜欢讲笑话、听笑话。有些笑话虽不够高雅，但大人们一般不去粗暴地批评乃至责备。他们认为，此时的孩子，尤其是那些淘气的男孩，往往会通过笑话或恶作剧来“平衡”或“调节”自己的心态。尽管其中的幽默可能让大人们不快甚至难堪，但大人理应包容。原因很简单：这是孩子成长过程的一个组成部分！此时若大人能正确引导，让孩子们知道什么是粗俗，什么是幽默，才是明智之举。

8岁以后的孩子已初具幽默感。美国的家长常常倾听孩子们讲述有关学校生活的小笑话，并发出会心的欢笑，对孩子的幽默感做出肯定的表示。此外，大人们还常常引导孩子们编幽默故事，改编电影、电视剧的情节或加添令人捧腹的结局。

当孩子进入小学高年级时，学校会常常组办有关“幽默故事”写作或讲述的比赛。对于这类能起到增强孩子幽默感的活动，家长们大多予以无保留的支持。

孩子幽默的性格一旦形成，一生都产生深远的影响。一般看来，具有幽默感的孩子多数活泼开朗，讨人喜爱，而且人际关系也比较好，并且这样的孩子一旦在生活或者是学习中遇到困难也都能从容、乐观地面对；相反，不具有幽默感的孩子一旦遇到困难便会悲观、失望。所以有幽默感的孩子往往是比较聪明、快乐的，并且能轻松应对学习、生活上的事情。

那么，家长怎样培养孩子的幽默感呢？

1. 父母首先应该是幽默的人

前面调查的数据指出，幽默有先天的成分，不过后天的培养更加重要。孩子是父母生命的延续，是父母最真实的镜子。潜移默化中，父母的许多特点在孩子身上都得到再现。所以，要培养孩子的幽默感，为人父母者，首先要看看自己是否也需要培养幽默感。最起码，要能真正欣赏幽默。家长们可以多看些幽默的书籍，先增加自己的幽默感，再帮助孩子培养幽默感。

2. 教育孩子学会乐观、宽容地面对人和事

乐观、宽容是幽默的精髓。要学会幽默，就要学会宽容大度，克服斤斤计较的狭隘思想，同时还要乐观。要培养孩子的乐观心态，最重要的是，当孩子遇到困难时，父母应当积极鼓励孩子面对，不要害怕挫折，帮助孩子积极进取。只有这样，才能教会孩子以正确的态度和措施保持乐观。

3. 热爱生活，用心去感悟生活

生活无处不幽默，只是缺乏发现幽默的眼睛。引导孩子用心去观察、感悟生活，培养对事物的洞察力，用自己的视角去看世界，不因循守旧，是提高幽默的一个重要方面。迅速地捕捉事物的本质，以恰当的比喻、诙谐的语言，使人们产生轻松的感觉。

4. 适当地自嘲也是幽默

真正幽默的人，不怕受人嘲笑，而且非常善于自嘲，而这种自嘲实际上是建立在自信的基础之上。

5. 多给孩子看或读幽默轻松的故事

风趣、幽默的小故事不仅能使孩子在轻松愉快的氛围中喜欢上阅读，还能潜移默化地培养孩子的幽默感。同时，很多儿童文学作品中的主人公都是乐天派，他们虽然遇到各种各样奇怪的困难，但总能化险为夷，继续乐观地对待人生。多给孩子读或看这样的故事，可以培养孩子对乐观情绪的向往。

李女士说："记得《憨豆先生》系列短剧中，憨豆那滑稽的动作、夸张的表情和幽默的语言就常逗得儿子捧腹大笑。"

6. 多让孩子讲讲有趣的事

孩子对发生在自己身边的有趣的事，总是很有表达的欲望。这时家长需要做的，就是认真倾听，并发出会心的欢笑。如果孩子有足够的幽默感，大人还可引导他们编幽默故事，给课本、电影或电视剧改变甚至添加一个令人捧腹的结局。

7. 应用诙谐、幽默的语言

孩子哭闹时，父母除了常用的一些安慰手段外，也可以安抚她："宝宝，你瞧你哭得像小花猫，鼻涕流得像瀑布，多难看啊！"这种诙谐的语言，比起单调的哄逗，不仅可以很快转移孩子的注意力，使孩子破涕为笑，还可以使孩子学会幽默的语言技巧，培养良好的心态。而当孩子尝试着说出一些有趣的笑话或表演一些滑稽的动作时，家长请不要吝啬你的掌声，你的鼓励将使他的幽默感不断得到强化。

乐观向上的习惯有力量

每一个人都在追寻理想的人生，但理想的人生应当是什么样呢？快乐的、向上的、幸福美满的，没有比这样的人生更令人向往、更值得追求的了！孩子正处于人生的起点，每一个父母都希望自己的孩子将来学有所成，人生幸福美满。常言道：性格决定命运。那想要获得这些，就必须有乐观、积极向上的性格。只有拥有乐观、开朗的性格，才会让生命更具有活力，生活更美好，才能成就理想的人生。

常言道："金无足赤，人无完人。"生活也是这样，从来不是十全十美、万事如意的。乐观者从不怨天尤人，而总是让生活伴随着憧憬和追求。

高尔基说过："追求进步，这才是生活的真正目的。让整个一生都在追求中度过吧，那么在这一生里必定会有许多美好的时刻。"

有追求的人，说明他很乐观，家长就应该培养孩子乐观的心态。因为乐观者总能在灾难中看到希望，而悲观者却在希望中看到灾难。人生哪可不乐观呢？

但是乐观的人不会忘乎所以，即使取得了一定的成就也会继续前进。

牛顿说："我不知世人对我是怎样的看法，不过我自己只是觉得好像在海滨玩耍的一个小孩子，有时很高兴地拾着一颗光滑美丽的小石子，但真理的大海，我还没有发现。"

诺贝尔说："在我们这个被称为银河系的小小的宇宙旋涡中，大约运行着一百亿颗太阳。但太阳如果知道了整个银河系有多大，它肯定会因为自己的渺小无比而感到羞愧不如。"

像牛顿、诺贝尔这样取得很大成就的人都拥有如此宽广的胸怀，我们平常的人更应该效仿、学习！

综上所述，生活不论是遇到困难、挫折、失败、灾难，还是取得成就，一个人只要拥有开朗、快乐而进取的性格，就能拥有永久的幸福。

这样的人不论处于何种境况，都会像伏契克说的："为了欢乐而生，为了欢乐而战斗，为了欢乐而死。永远不让悲哀同我们的名字联在一起。"

对于孩子来说，乐观更是重要的，要想使孩子健康成长的最好方法就是让他感到快乐。但是现实生活中有的孩子却有着悲观的情绪。孩子的悲观情绪来自哪里呢？

当父母不相信孩子，采取各种手段来“窥视”孩子的秘密时，他们给予孩子的不是尊重，不是尊严，而是对孩子自尊和人格的亵渎。可以想象，在这种环境下长大的孩子，还有什么尊严和乐观可言，这一切早被父母用他们过分的、不合适的爱毁灭了。

1. 感情脆弱的孩子容易悲观

生活中，我们总会看到这样的孩子，感情特别脆弱，遇到一点儿小事就哭鼻子，哪怕是听故事、看动画片。生活中听到或看到可怜的孩子时，他们也是泪汪汪的；如果跟其他小朋友玩，被人呵斥一声，也会哭丧着脸回家……感情如此脆弱的孩子往往无法控制自己的情绪，总是一副悲观失望的样子。

妈妈和林林玩“捡豆子”游戏，把一些小玻璃珠撒在地上，然后看谁捡得快捡得多。结果，妈妈赢了林林。林林强烈不满，把手中的玻璃球狠狠地往地上一摔，一屁股坐到地上大哭起来。

“哭有什么用，一个人不可能总是赢的。”妈妈劝说林捧。

“我就是要赢，我就是要赢。”林林根本不听劝，哭喊着，越来越凶。

妈妈很困惑，林林输了一次就这样不能承受，这么脆弱的性格以后该怎么面对竞争激烈的社会呢？

现在的孩子，大部分都是独生子女，在家里备受宠爱，什么事情都是以自我为中心，家长们也都迁就着他们，这就导致他们的情感和心理脆弱，只要一有不顺心的事情就哭鼻子。在幼儿园或者是学校受到批评，或者受到委屈，心理就承受不了，情绪相当低落，心理承受能力特别差。这样的孩子很容易形成悲观情绪，并且影响一生。

2. 嫉妒心影响孩子身心健康

随着年龄的增长，孩子自我评价的意识开始萌芽，但他们的评价是以成人的评价标准为参考的。比如，家长为了巩固孩子的优点经常会采取鼓励、表扬的方法，来增加他们的自信心。但如果表扬过分，孩子就会产生骄傲情绪，以为只有自己是最好的，别人都不如自己，进而看不起别人，甚至当说别人好过自己时，他们就接受不了，于是产生了嫉妒的心态，进而影响孩子的身心健康。

一位妈妈说："孩子今年该上大班了，她和比她小一岁的小表妹非常要好，经常把自己的吃的和玩具拿给妹妹，很像个小姐姐，就是嫉妒心特别强。我们不能当着她说妹妹一点好，一旦不小心夸奖了妹妹，她就会把给妹妹的东西统统收回来，自己在一旁撅着嘴巴生气。"

由此可见，父母的几句话有可能将孩子好的情绪转变成坏的情绪。比如，许多父母常常指着别人的孩子对自己的孩子说"你看你这点就不如他"。父母想通过不同孩子身上的优点让自己的孩子学习，渴望集别人孩子的优点于孩子一身，但是这样的做法，会让孩子觉得妈妈爱别人，不爱自己，使孩子的情感受挫，产生不服气的情绪，进而导致嫉妒。另外，不公正的评价会使孩子的感情受到压抑，时间长了也容易使孩子变得心胸狭窄和嫉妒。

既然如此，我们该如何培养孩子幸福人生所必备的快乐性格呢？

1. 给予孩子足够的鼓励

对于孩子来说，没有什么能比鼓励更能激起他们对生活的追求了。孩子在成长过程当中避免不了错误和缺点，家长要给以充分的理解和宽容，在孩子犯错误时，不要急于否定，要鼓励孩子向上；

对于孩子在成长中的特长和优势，要给予及时的肯定和鼓励。这样孩子才有足够的信心去面对以后的困难。

因此，好父母总能及时地关注孩子，及时地发现孩子的“闪光点”，并给予热忱的赞赏和勉励，不断增强其自信。

2. 放手让孩子追寻快乐

快乐地生活，是我们每一个人所追求的。家长们在平常的生活中要注意培养孩子大方和开朗的个性，这样孩子才能体会到快乐，体会到幸福。

因此，好父母要做的事，就是积极引导和培养孩子的广泛兴趣，为孩子提供快乐的选择，让孩子将这种追寻快乐的习性保持下去，并将其带入到今后的人生。

3. 给孩子自主决策的权力

乐观性格的养成与孩子的处事方式有紧密的联系。

好家长总会主动地征求孩子的意见，和孩子沟通：向孩子通报家境情况，和孩子讨论家政计划，和孩子商量家事安排……

好家长也总是对孩子适度放权：让孩子拥有活动安排的自主权，让孩子学会管理自己；让孩子学会分配自己的零花钱，锻炼处理“财政”的能力；让孩子拥有交往的自主权，在相互的“磨合”中提高人际交往的能力……家长不过多地包揽本该孩子权力范围内的事，而让孩子在独立生活的体验中享受到生活的乐趣。

4. 培养孩子积极的心态

家长要让孩子明白：人的一生并不都是一帆风顺的，但是有的人快乐，有的人却不快乐有。快乐的人拥有好的心态，适应能力强，当遇到困难的时候很快就会振作起来。家长要适时引导孩子面对困难要有不服输的个性，不要被困难压倒，在困难面前绝不气馁；不断强化坚韧的心理素质，拥有化解生活难题的能力。

5. 营造快乐的情感空间

家长要经常和孩子相处在一起，讨论感兴趣的话题，不断营造和谐的亲子关系：可以一起下棋、打球、做手工……孩子融入到浓浓的快乐活动中来，这是最良好的情感沟通。

6. 适度限制物质的占有量

适当地限制孩子对物质的占有量，不但不会阻碍其快乐性格的正常发展，反而能使孩子容易得到满足感。好家长不会娇惯孩子坐享其成，不让孩子一味地消费，而更着力于引导孩子懂得金钱的来之不易，培养孩子的勤俭意识，让孩子身体力行地通过自身的劳动来获取个人所需，极力不让孩子掉进“温柔”陷阱。

7. 保持家庭生活美满和谐

家庭美满和谐，会让孩子感到快乐；家庭纷争不断，会给孩子的心灵造成极大的损害。

在幸福和睦的家庭中长大的孩子，便会在耳濡目染中体会生活的浓浓乐趣。因此，父母总是恩恩爱爱，相敬如宾，让家庭充满朗朗的笑声，让家庭充满和煦的阳光，就会使孩子心理健康，感到很幸福，并拥有乐观、向上的性格。

从小养成与人合作的习惯

合作是人类社会赖以生存和发展的重要组成部分，在未来的社会，只有能与人合作的人，才能获得生存的空间，也只有善于合作的人才能赢得发展。21 世纪的孩子面临的是一个充满挑战的社会，与此同时，我们的教育也面临着重大的挑战。

联合国科教文组织国际21世纪教育委员会提出的现代教育的四大支柱理论是：学会认知、学会做事、学会共同生活、学会生存。

其中，学会共同生活即指在教育中要培养孩子与人合作、共享成果的能力。

但是，在当今中国社会，妈妈们似乎越来越过分关心子女的智力发育，而忽视其他方面的培养。尤其是在这个到处充满着激烈竞争的社会中，妈妈们更关心的是如何让孩子在这个社会中拥有更多与他人竞争的能力。

然而，社会需要有亲和力的人，这种社会亲和力的核心就是合作精神，而每个人的成功也都离不开与他人的合作。合作对人的发展具有重要的意义，能使孩子学会与别人交流、配合以及友好相处，从而增加自己对团队的自豪感。而在合作的过程中，也能让孩子逐渐建立自信。

在“杰出青年的童年与教育”调查中，专家发现，杰出青年大多数是善于与人团结协作的人。团结协作是许多成功人士的共同特性。

小男孩辛宇童很聪明，学习成绩也很好，但是每当老师让同学们一起完成一项任务时，辛宇童都会流露出不屑的表情。老师把辛宇童的这种表现反映给了辛宇童的爸爸。爸爸为了让他明白与他人合作的重要性，特意与他做了一个有趣的游戏。爸爸让辛宇童说出每个手指的优点和优势。这对思维和表达能办都很强的辛宇童来说简直是小菜一碟。他迫不及待地说道：“大拇指可以用来赞扬别人，食指可以用来指示事物，小指可以用来勾东西……”

等他把每个手指的优点与优势都说完时，爸爸拿出了一个装满玻璃球的玻璃杯，笑眯眯地对他说：“儿子，用你认为最有本事的那根手指把玻璃球从杯子里取出来！记住，只能用一个手指。”辛宇童觉得这个游戏很有意思，他选择了用途最多的食指。但是，无论他怎么努力，都没有办法用一根指头把玻璃球从杯子里取出来。最后，他只能用无奈的眼神看着爸爸。

这时，爸爸对他说：“你可以邀请另外一根手指与原来那根手指合作，一起来取玻璃球。”这下，辛宇童很轻松地把所有的玻璃球都取了出来。看着辛宇童高兴的样子，爸爸意味深长地对他说：“现在，你应该明白了吧。一个人无论有多大的才能，他总有无法独立完成的事情，而与他人的合作是多么的重要。”想到自己以前的种种想法和做法，辛宇童不好意思地低下了头。

合作是一件快乐的事情，有些事情只有互相合作才能做成。但现在的独生子女与同伴接触或合作的机会很少，因此他们变得自私、缺乏爱心，没有与他人合作的意识。有些霸道的孩子常常会说：“这些玩具都是我的，你们都不许动、不许玩！”“我们班的小朋友都不好，我才不和他们玩呢！”“不用与他人合作，凭我自己的力量，我就能完成这个任务！”任性、自私、自大，成了这些不懂合作的孩子的代名词。但是，在飞速发展的现代社会，个人的力量是很渺小的。可以试想一下，这样的孩子长大后如何取得成功？

合作不是一般意义上的人际交往，而是为了一个共同的目标结成的互助互利的双赢关系。合作的力量总是大于每个部分的总和。因此，父母培养孩子与他人合作的习惯尤其重要，而家庭又是培养孩子各种素质的最佳课堂，父母是孩子最早也是最重要的老师。那么父母应该怎么培养孩子的合作精神呢？

1. 在日常生活中培养孩子的合作意识

一家人本来就是休戚相关的，每一个家庭成员的行为及情绪都会给其他成员造成影响。父母之间的行为以及互动都会对孩子产生巨大的影响。因此，要培养孩子的合作精神，父母首先要以身作则。而且，有许多行为必须要两个或两个以上的人合作才能完成，只凭一个人的力量是无法做到的。父母可以利用这种机会让孩子体验一下个人无法完成的挫折感，从而懂得与人合作的重要性。

周末，父母要带欣欣和悦悦兄妹俩去公园爬山然后野餐。临行前一天，一家四口人商量该如何进行准备：妈妈负责去超市买食品，爸爸准备烤肉的炉子，9 岁的悦悦负责准备所有餐具，11 岁的欣欣负责准备调料。

爸爸提醒他们是否要列出一个单子，一则防止遗漏；再则若家里不够的物品，可及时去买。悦悦很快就列出了单子，请爸爸过目，随后便开始准备；而欣欣却跑到外面找邻居的孩子玩。

爸爸不大相信欣欣会准备齐全，想自己来做，但转念一想，应当给儿子一个锻炼的机会，哪怕是教训。欣欣很开心地玩到很晚才回来，到厨房里忙了一会儿，装了一袋子瓶瓶罐罐，便上楼回房去睡了。

第二天一早出发，一家人高高兴兴上路了。野炊开始了，妈妈问："欣欣，烤肉汁在哪里？"欣欣伸手到袋子里去找，却怎么也找不到。欣欣最终没有找到，不觉惭愧地低下了头。

这样的经验教训对孩子来说是很深刻的。欣欣知道由于自己的疏忽，不但影响了自己，而且影响了家人，使这次活动大为逊色。也许父母并没有说一句责怪他的话，但整个形势本身对他的教育已比任何话语更有效。

因此，在日常生活中，父母不妨也给孩子分派一些工作来做、给他一些角色来当，让孩子体验一次由于他的疏忽而给大家带来麻烦的教训。这样，他就会更深刻地体会到什么叫做责任，与他人合作有多重要。从而，与人合作的意识便会在他的头脑中占据重要的位置。

2. 让孩子学会分享

许多孩子对自己的玩具都有一种独占意识，不愿意别的小朋友玩自己的玩具。如果强抢，孩子可能会大声哭闹。因此，面对孩子的这种行为，家长要培养孩子的合作精神，还要教育孩子学会分享。

父母在这方面要耐心引导，试着让别的小朋友加入到玩乐中，让孩子感受到一起玩的乐趣。或者，当孩子特别想要别的小朋友的某一样玩具时，父母也可以提议孩子拿自己的玩具去换。在这共同玩乐以及互换玩具之间，培养孩子的合作意识。

3. 教会孩子合作的技巧与能力

有了合作的意识，也需要懂得合作的技巧，才能在合作中学到知识，在合作中获得成功。因此，父母要为孩子创造合作的机会。由于孩子大多数是独生子女，在家里没有经历与同伴合作的机会及体验，影响他们合作能力的提高，所以父母为孩子创造合作机会尤为重要。

首先，可以在游戏中给孩子提供合作机会。先从两个人开始，由浅入深。随着能力的提高，可增加难度。

其次，要将合作的培养整合在孩子的一日生活之中。

孩子在这些与人合作的活动中，不断与人商量讨论，合作能力大大加强，体验到与人合作中遇到的种种问题的解决带来的快乐。这样，他的合作能力就会在反复的实践中得到提高。

4. 培养孩子公平的观念

公平就是考虑所有人的利益，将自己和别人的需求都列入后面达成的协议。但是，公平是无法用文字来规定的，所以父母在教孩子何谓公平之前，应先教导他们克服自私、学会付出。

父母要从日常生活中培养孩子公平的观念。

姐妹两人为了看电视吵了起来，一个要看电视剧，一个要看动画片。两个都说对方霸占了遥控器，不公平。

妈妈说："好了，我们来讨论一个你们都觉得公平的方法吧！每个人先说出自己最爱看的台，如果有冲突，再来协调；不然就每周一三五由姐姐决定，二四六由妹妹决定，这样好不好？"于是，姐妹两人拿了电视节目表，很认真地研究起来，还自行谈判，过程中有争议、有让步。

通过妈妈的引导，孩子们学会了如何通过协商，得到双方都满意的结果。想要做一个公平的决定，合作是必要的。父母要教导孩子如何站在对方的立场设想，一起讨论出大家都可以接受的结果。

5. 让孩子学会换位思考

我们日常生活中经常会看到这样的现象：

一个孩子手里拿着一件玩具正玩得起劲，另一个孩子不由分说，上来就抢他的玩具。

这种现象反映了孩子的"以自我为中心"。"以自我为中心"是孩子的典型特点，这是由于孩子心理发展的局限，使他们在认识和适应外在世界时，总是不自觉地从自身来考虑问题。这种现象使他们不懂得体贴他人，不能善解人意，还很难适应同伴之间的冲突和竞争，更不会合作或分享。而要改变这种状况，就必须让孩子学会从他人的角度来考虑问题，彻底摆脱自我中心意识。

父母可以通过移情训练来培养孩子善解人意。

例如，孩子们玩追逐游戏，跑得正起劲，突然，一个叫倩倩的孩子不小心摔倒在地上，大哭起来。如果父母在场，可以问自己的孩子："你摔跤时感到疼不疼？心里难过吗？现在倩倩摔了跤，你应该怎么做呢？"

通过这种教育，让孩子学会理解、体谅和关心他人，学会从他人的角度或立场来考虑问题、解决问题，从而最终成为受欢迎的人。

第六章　教育孩子，父母要积极借助外力

在教育孩子的问题上，父母要积极借助外力的作用，让这些外力对教育起到制胜的效果。

夫妻合唱一出戏

教育孩子时父母应该如何相互配合，父亲和母亲在教育孩子上要有分工有合作。父母在性格特点、智能特点、兴趣爱好、行为方式等方面各有自己的优点和不足，在教育孩子中，夫妻尽量取长补短，优势互补。教育孩子主要涉及到学习、生活、劳动、体育、文娱，等等。父母按照教育内容分工也好，按时间分工也好，要让孩子感觉到，爸爸、妈妈都在关心他、教育他，就好像父母带孩子上街游玩，孩子最愿意走在中间，一只手被父亲领着，一只手被母亲领着，他会充满欢乐、倍感幸福。

分工合作，不要怕麻烦，因为只有这样才能提高工作效率。如果不能够有效分工，不协调好父母的职责和教育观点，就会让教育孩子时出现矛盾、争吵。

我们经常会看到这样的情景：当妈妈要求孩子整理自己用完的玩具时，孩子不仅不听妈妈的话去收拾玩具，还故意把玩具往地上摔，妈妈生气地批评孩子，孩子的爸爸却出来充当和事佬。妈妈正在气头上，又和爸爸吵起来。两个人的声音越来越大，孩子吓得不知所措。

其实这个时候，爸爸首先应该明确地告诉孩子妈妈说得对，自己用完的东西应该自己整理，从小养成良好的习惯。爸爸也可以帮助孩子一起整理，让孩子有个下台阶的机会。

还有，孩子看中了商场里卖的美丽的芭比娃娃。妈妈觉得太贵，拒绝了孩子的要求。过了几天，孩子趁和爸爸去商场的机会，提出了同样的要求，顺利地得到了心爱的洋娃娃。

上面两个例子中的爸爸的做法都是错误的。那样的结果让孩子认为爸爸比妈妈好说话，在妈妈那里行不通的事可以找爸爸。其实这时爸爸即使要满足孩子的要求，也应该与妈妈商量，然后告诉孩子妈妈同意了爸爸才给他买的。

孩子辨别是非的能力弱，需要大人指引他们哪些事情该做哪些事情不该做。夫妻两个“语调”不一致，孩子听到的是“立体声”，以后遇到问题，他就知道怎么做才能达成所愿，会见风使舵，不利于建立健康的人格，也不是解决问题的根本之道。

其实，父母在孩子面前应该一个唱红脸，一个唱白脸。但是无论是红脸还是白脸都需要把握好尺度，不要一方批评过激，另一个就来做和事佬。这个时候就需要家长批评得有理有据，让孩子认可，表扬也要得当，别让孩子翘尾巴，适当的时候有人来“压一压”。

有的时候还会出现一种情况，就是批评孩子的时候，孩子向另一方求助，这个时候被求助的家长也不要不理睬。

例如，爸爸可以帮助孩子分析为什么妈妈要打他，是不是孩子自己有错却不知道，如何才能避免挨打……

这样父母有效地配合，使得孩子的问题很容易就解决了，同时也缓冲了和孩子的矛盾。

李女士是个爱冲动的妈妈，和儿子说话总是很容易发火，总是说着说着脾气就上来了。这个时候，李女士的丈夫就会进去和儿子交谈，告诉他妈妈这都是为了他好，或许妈妈的态度不好。她的丈夫告诉儿子："妈妈发火的时候，你要保持沉默，事后再与妈妈沟通，不可顶撞妈妈。"所以，至今李女士的儿子都没有和父母顶过嘴。但是不顶嘴不代表孩子全都接受父母的意见，过后孩子也和父母沟通，并有理有据，经常给李女士"上课"，并且把自己的想法告诉李女士和丈夫，希望父母给予支持和理解，并经常劝母亲不要太冲动，要心平气和，这样对身体也有好处。李女士感觉很欣慰。

父母在孩子面前要相互配合为对方建立威信，在孩子面前要多说维护对方形象的话。其实父母就是孩子心中壁垒，是坚不可摧的，尤其是孩子小的时候，认为父母是伟大的，形象牢不可破。在教育孩子的问题时，如果一方把另一方的形象破坏了，这个牢固的壁垒顿时就千疮百孔了，孩子会感到很不安全，并且可能出现心理问题，感到自卑。

曹女士说：记得女儿四五岁的时候，有一次为一件小事我们夫妻吵架，我还在女儿面前流泪。那时女儿小，对我很依赖，感情天平自然偏向我。她看我这么难过就安慰我说："妈妈，爸爸这样对你，我长大了也不会理他的。"我听了感觉问题严重，马上止住泪水告诉女儿："女儿你不能有这样的想法，爸爸无论对妈妈怎样，他对你不比世界上任何一个爸爸差。"经我这样一说，女儿觉得也对，就听话地点点头说："是的。"虽然那个时候我正在气头上，但我知道父亲在孩子心中的分量，我不能因为自己有气，动摇父亲在女儿心中的地位，破坏丈夫在女儿心中的形象。正因为我们夫妻双方一直以来在女儿面前为对方维护形象，建立威信，现在女儿与父母的感情都非常融洽。

父母在教育孩子方面应该怎么配合才能让教育效果更好呢？

1. 观点一致，态度不同

现在的父母一般认为，只要观点一致，态度一致，批评的时候都批评，夸奖的时候一起夸奖，这就是最好的配合。其实不然，这样易使孩子感到生活的冷酷无情，感到失望，产生逆反心理。真正的密切配合应该是：观点一致，态度不一致。也就是说，家长在教育孩子的时候，对待同一件事情观点要一样，但是要采取不同的态度。

例如：孩子拿了同学的东西，父亲给予严厉的批评，甚至采取了必要的惩罚措施（包括打、骂）。这个时候妈妈则必须在肯定爸爸的做法是正确的前提下，用比较温和的态度跟孩子进行分析，分析这件事情孩子做的怎么样，爸爸这样处理的理由是什么。

这样做既给父亲树立了威严，同样也让孩子认识到自己的错误，感到了温暖，父母并没有一味地打骂，达到了教育的预期效果。

2. 宠严分明，冷热转换

如今像这样的家庭比较多：父母某一方对孩子非常严厉，甚至到了严酷的程度；而另一方，也许为了给孩子补偿，则非常宠爱。有的父母认为这样宠严分明，就是密切配合。其实，这也是一种不恰当的教育方法。

过于严厉和宠爱本身就是失当的。如果父母中的一方始终是严厉过度，而另一方始终是宠爱有加；或者一方老是打骂，另一方总是袒护，长此以往，不仅会直接影响孩子与父母的感情，产生亲疏之别，也会使孩子学会用明一套暗一套的两面派手法来对付父母。

在对孩子爱与严的问题上，父母双方各自可以有所侧重，但不能冷热不变，不能一个一严到底，一个一宠到底。真正的密切配合应该是：一方严些冷些，另一方宽些热些，但偏严偏冷的一方，有时也有宽容和温和的热表现；偏爱偏热的一方，有时也有冷峻与严厉的冷处理。这样，孩子才能从父母身上得到温暖和教益；也只有这样，父母在孩子面前才是完整的，才能树立真正的威信。

3. 全面了解，有所侧重

有的父母认为，你管孩子的学习，我管孩子的生活，这就是密切配合；有的父母则认为，大家一道管教容易出现矛盾，还不如一个人管好，要么轮流管教，幼儿时由母亲管，读书后由父亲管。这些教育方法，看起来也似配合，其实不然。

某父亲在孩子小的时候比较忙，都是由妈妈管理孩子。妈妈比较严厉，再加上孩子还小，就比较听话。后来随着儿子渐渐长大，妈妈想让爸爸也管理儿子，就全权让爸爸管理孩子的学习、生活。由于父亲不是十分了解孩子的学习、生活情况，就遇到了麻烦，不知道该从哪里下手，有些手忙脚乱。

由这个例子可以看出，这样的教育方式弊端在于：不能全面了解孩子，容易出现片面。孩子的表现往往是互相联系着的，学习与生活不可能截然分开，如果做父亲的只了解学习的一面而不了解生活的一面，很可能因不明真相而产生误教误导。反之，做母亲的也一样。

还有一种情况，也可能导致对孩子的教育比较片面。

孙女士和丈夫长期两地分居，主要是丈夫的工作性质导致的。一年只有假期的时候，孙女士才能带着儿子到丈夫的工作地去住，也仅仅是一个月的时间。所以教育孩子的责任就落在了孙女士的肩膀上，丈夫对孩子的教育情况就不太清楚了，和孩子的关系也不是很亲近。

管教孩子是父母的共同责任，不管情况如何特殊，都应该发挥自己独特的作用，积极配合。像孙女士这样的情况，丈夫也应该发挥他独特的教育方式参与到孩子的教育工作中，不能做“甩手掌柜”，把事情都堆给孙女士。

其实，管教孩子的方式多种多样，即使孩子不在身边，也可以用写信或打电话的方式；不管你工作多忙，教育孩子不能忘，因为对一个家庭来说，教育孩子是头等大事。

教育孩子既是一门科学，也是一门艺术。夫妻双方需要掌握一定的心理学和教育学方面的知识，需要反复商量和经常研究。但不管怎么样，合作管理孩子是教育的有效方法。

借助激赏让孩子自信起来

心理学家曾经说过：“人性最深切的渴望就是获得他人的赞赏，这是人类之所以有别于动物的地方。”

美国心理学家詹姆斯认为：“人性中最深切的禀赋，乃是被人赏识的渴望。”

美国心理学家罗森塔尔设计完成了一个这样的心理实验。

他来到一所普通中学，在一个班里随便转了转，然后就在学生名单上圈了几个名字，告诉他们的老师说，这几个学生智商高，很有培养前途。过了一段时间，他来到这所中学查看，奇迹发生了，那几个被圈出来的学生真的成了班上的优秀生。罗森塔尔这时才告诉他们的老师，对这几个学生，他其实并不了解。为什么会出现这种现象呢？因为老师对专家的话深信不疑，所以对这几个学生产生了积极的期望，而这几个学生也相信自己有很好的天资，从而提高了自信心，激发了他们的学习积极性。

这就是著名的“罗森塔尔效应”，即期望效应，也叫皮格马利翁效应。

从以上的实验不难看出，自信对一个人的成长起着多么重要的作用。然而激励是自信心确立的重要诱因，也是育人的重要方法和手段。人有了自信，便会意志坚强，努力进取。老师或家长抓住时机，因势利导，就能把人引向成功。

“罗森塔尔效应”验证了激励与赏识在教育中的重大作用。因为人人都需要赞美，如同万物生长需要阳光的温暖一样。一个人的成功，离不开鼓励和赞美。没有鼓励和赞美，孩子会在精神上有失落感，因为每个孩子的内心都拥有一个精彩的世界。

在这个残酷竞争的时代，家长们不愿也不能做“事后诸葛亮”。无论是教育孩子，还是自我成长，都是一场没有彩排、不能输又不能悔的战争。所以越来越多的家长就会盲目地执行“拿来主义”，照搬别人家的教育方式，常常拿自己孩子与别人孩子相比较，更有甚者总拿别人孩子的优点与自己孩子的缺点比。比来比去，总感到“自己的孩子笨死了”“自己的孩子天生不如人”……种种不良暗示极大地挫伤了孩子的上进心，过早地给孩子“量身定做”了“不是学习的料”“笨蛋”等隐形衣。正是家长的这些枷锁让孩子丧失了自信，变得懦弱、停滞不前。

杨女士女儿学习成绩一直不够理想，但是小姑娘特别喜欢跳拉丁舞，小学毕业前在省里举办的拉丁舞比赛上获得了二等奖，即便是在家里也总爱跳个不停。而且小姑娘的社交能力和自理能力特别强，节假日常常约同学游濮上园、海洋馆，大冬天还常常给赖在被窝里的杨女士买早饭。每次同学聚会大家都羡慕杨女士好福气，直夸她得了一件贴心小棉袄。可杨女士每次在饭桌上总是拿女儿的学习与其他孩子比，每每别人问及考试分数，害得小姑娘面红耳赤、低着头半天不说话。

如果像杨女士这样比较，有些孩子与她的女儿相比无论是在社交能力还是自理能力上都相差甚远。其实，孩子的这些所谓不足家长负有不可逃避的责任，虽然“以人之长补己之短”有助于孩子的成长，但是这种没有统一衡量标准的比较只会招惹孩子们反感，是不会起到积极作用的。

“比较”是把双刃剑。陶行之先生倡导“爱满天下”，他曾告诫对学生滥施刑罚的人“你的鞭子下有瓦特，你的冷眼中有牛顿，你的讥笑中有爱迪生”。

我们做家长的都知道这些伟人的成功并非一帆风顺，他们大都是经历了许多次的失败后才取得了成功。我们不要小看每一个孩子，如果我们蹲下来，从孩子的角度看问题，你将会发现惊奇、快乐、愉悦正向你频频招手。孩子在成长过程中要受到遗传因素、家庭教育、社会环境等后天的影响，如果你总盯着孩子的缺点和错误，认为孩子这不如人、那不如人，这样毫无原则、毫无标准的横向比较只会挫伤孩子的上进心和自尊心。这种比较比没了孩子的自信，比出了苦恼，更有甚者扭曲了亲子关系，拉大了亲子距离。睿智的家长总能从孩子的点滴进步中感悟幸福、看到希望，引导孩子自己和自己纵向比较，拿今天的进步和昨天的不足比，培养孩子形成良好的自我暗示和自我激励的心理，在“每天进步一点点”的行动中树立自信心，以良好的心态迎接每一天的挑战。

卢勤曾在《初中三年早知道》一书中写道：“假如把幸福比作天

堂，那么通往天堂的路只有一条，那就是学习；假如把痛苦比作地狱，那么通向地狱的路也只有一条，那就是厌学。可是今天，在通往天堂和地狱的路上都挤满了人。其实，人并不是不愿去天堂，而是因为学习的烦恼太多；人也并不是乐意去地狱，只是不知道应该如何面对今天的学习。那么，如果家长和老师只是作为一个引路人，让孩子能够‘早知道’——改变自己的未来，就必须先改变自己的内存，让孩子自己去圆自己的梦不是更好吗?”

家长在日常生活中应该怎样有效做到激赏来促进孩子自信呢？

1. 要学会尊重与信任

家长尊重孩子，使孩子切实地体会到自己是一个有独立人格的人；信任自己的孩子，调动他的积极性，并给予积极关注和表扬，既对自己的行为负责任，又培养了他的自信心。

2. 要学会微笑、用肯定性和鼓励性的言语激励孩子

微笑会增加幸福感，进而也能增强自信心。家长们不妨试试。你的一个微笑让孩子倍感轻松，缓解了压力，自信油然而生，几乎是立竿见影。

语言是交流的工具，一句动听的话可能激励孩子一辈子去追求成功，成为行动的原动力，诸如“你真行”“真棒”“你的潜质很好”“你很聪明”“我很佩服你”“这个你最拿手”“我相信你是最合适的人选”，等等。这类话语对孩子是很好的鼓励、认同。

3. 要关注孩子的优点与成就，懂得扬长避短

家长不妨把孩子的优点列出来，写在纸上。至少写出五个优点和五项成就。对着这张纸条，经常看看、想想，如果有的时候想要批评孩子，或者是压制不住火气的时候，多看看他们的优点。在从事各种活动时，想想孩子的优点，并告诉孩子曾经有过什么成就。

这种做法对提升自己对孩子的信心效果很好。在学习、生活、工作中，要经常抓住机会让孩子展现自己的优势、特长，同时注意让孩子弥补自己的不足，不断求得进步。这样，也会提高成功率，也会得到更多的赞扬声，肯定能增强自信心。

4. 要激励孩子树立自信的外部形象

不断对孩子进行正面的心理强化，给孩子设定情境："身陷困境感觉前途一片渺茫而彷徨绝望时，一定要做到不抛弃、不放弃，坚持对自己说：'我能行!''我很棒!''我能做得比别人更好!'等等。"让孩子重复对自己念叨有信心的词语，是一种很重要的自我激励，就会提振信心，赢取胜利。还有整洁、得体的仪表，有利于增强孩子的自信心。举止洒脱，行为端庄，助人为乐，目不斜视，就会有发自内心的自信。同时，加强锻炼，保持健美的体形，足显气质，对增强自信也很有帮助。

5. 鼓励孩子多与成功的人、自信的人接触和来往

"近朱者赤，近墨者黑。"如果经常与胸怀宽广、自信心强的人接触，你一定也会成为这样的人。所以家长要鼓励孩子多与有志向、有信心的人交朋友。

6. 要多阅读名人传记，熟记更多的名言警句

很多知名人士，成名前的自身资质、外部环境并不十分好。有的甚至和你孩子同龄时侯，比你孩子现在的情况差远了。多看一些这方面的材料，让孩子知道自己其实是具备成功的条件的，成功也是完全来得及的，这样有助于提升孩子的自信心。名言警句是成功的总结，也是行动的指南。

7. 让孩子在活动前做好充分的准备

让孩子在从事某项活动前，做好充分的准备，那么在从事这项活动时，孩子必然较为自信，从而有利于顺利完成这项活动。一旦这项活动做得很成功，也无疑激励了他自己。

孩子有孩子的世界，成长原本是个不可省略的过程。面对孩子纯真、烂漫的童年，家长应给孩子成长的时间和空间，多些赏识和鼓励，为孩子插上自信的翅膀，帮孩子扬起自信的风帆！我们坚信——孩子，你是最棒的！孩子，你一定能行！

巧用隔代长辈做亲子间的润滑剂

随着时代的发展，越来越多年轻的父母都忙于工作，几乎无暇顾及孩子。于是，抚养孩子的重担就不可避免地落在了爷爷、奶奶、外公、外婆的肩上。这种由祖辈们对孙辈们施行抚养与教育的现象称为隔代教育。

关于隔代教育，出现的问题很多。

有对夫妻因忙于做生意，在儿子3岁后就将他交给乡下的爷爷奶奶带。现在孩子已经10岁，妈妈把他接回来接受更好的教育。可孩子回来后却发现他身上有很多坏毛病，如任性、自私、脾气暴躁，动不动就摔东西，而且跟父母很生分，不太主动与父母讲话。

现在隔代教育引发了众多的问题，有的人认为隔代教育弊端重重。认为：许多老人存在着一种补偿心理，将自己年轻时无法给予孩子的优渥生活照顾，全数转移投射在孙子、孙女身上，而这种宠爱往往很容易变成毫无原则的迁就和溺爱，什么事都一手包办代劳，以致造成孩子任性、依赖性强和生活自理能力低下。还有的祖父母因过度疼爱孩子而护短，致使孩子的缺点因长期得不到矫正，遂养成不良的行为和性格。在祖父母庇护下的孩子，容易出现两个极端：一个极端是胆小怕事、不合群、寡言少语、应变能力差、性格内向；另一个极端则是放纵欲强、专横跋扈、难以管理、性格外向，在家里是个小霸王，到了外面却毫无独立能力，碰到问题只知道躲到大人的身后寻求保护。

许多老一辈的观念比较陈旧，与社会的联系较少，知识面相对比较狭窄，不容易接受新鲜事物，对科学的育儿观念也不够了解，仍沿用老观念要求孩子、教育孩子，不利于孩子将来适应社会能力的培养。此外，还有一些老人的文化较低、思想陈旧，常会不知不觉地灌输给孩子一些封建迷信观念，也无形中增加了孩子接受新思想、新知识的难度。

几乎所有年轻父母与老人在教育孩子方面会产生或多或少的矛盾，而培养孩子良好的习惯，跟家庭教育环境密切相关。在讨论教育孩子对策时，我们年轻的父母和老一辈要如何协调呢？首先要统一口径，而不能互相拆台。祖辈和父辈是两代人，除了在年龄上有较大的差异外，在思维方法、生活经历、个人爱好、社会条件以及所受到的教育等方面，都存在很大差距，在教育孩子方面持有不同的意见是正常的。因此，父母要正视老人溺爱孩子的“必然性”，要肯定老人的慈爱之心，尊重老人的劳动成果，对老人哺育之情心存感激，在向老人陈述正确教育孩子的观点和溺爱孩子的危害性时要有耐心，要在不伤老人感情的基础上说服老人配合，共同教育好孩子。

老人也要给自己定好位，既不越位，也不做摆设，应做好亲子之爱的润滑剂。要做到既喜欢孩子，又不溺爱孩子，注意用知识和经验教育孩子时，不把旧习惯、坏德行传给孩子。

换个角度，父母也可以将“隔代亲”转化为有利因素。至少在父母责骂孩子的时候，不会因为孩子一句“有代沟”就陷入僵局。这个时候完全可以请出老人来教育孩子，有了老人的介入，孩子和父母就都有台阶下了。

都说现在的孩子早熟，早熟有好处，也会有坏处。

凌鹏现在很头疼：女儿今年13岁，花蕾般的年纪，偏在暑假前跟他提出要一个人出去游玩，既没有伴，也不跟团。女儿说，现在时尚的驴友都爱这样玩个人路线。可凌鹏想到的是，女儿一个人外出，路上生病了怎么办，遇到了坏人怎么办，碰到了危险怎么办？现在电视上总说上哪哪哪的驴友出现危险，等待救援，多吓人！

因此他坚决不同意，借口说女儿的成绩有下滑，要她在暑假期间将重心放在复习功课上。他为女儿报了几个辅导班，想趁暑假让她把数学和英语成绩好好提高一下。

但是女儿坚决不答应，说暑假时间那么长，她完全有属于自己的私人时间，谁也抢不走。

凌鹏跟女儿说，路上不安全，他不放心女儿一个人出去玩。

女儿说：“中国父母就是老土，总是担心这担心那，坏人都是他们担心出来的，这叫穷担心。人家美国，比我小得多的孩子都能一个人外出了，独自坐飞机到香港，在香港玩几天再坐飞机回美国。这叫独立精神和自理能力。”

凌鹏生气了：“美国的我不管，也不懂，但这是在中国，这个家里还是我说了算。”

女儿说：“你如果不让我出去，就是非法禁闭。”

凌鹏说：“我冻结你的资金，看你还能到哪儿去？”

女儿说：“我问妈妈、外公外婆、爷爷奶奶要，他们会支持我的，你是老古董。”

凌鹏气得够呛。双方冷战了好几天。

后来凌鹏想，这样下去也不是办法。于是他打电话给住在另一城市的父亲，跟父亲如此这般一说，那边也就答应了。

暑假到了，凌鹏没有为自己的女儿报辅导班，女儿自然也没能实现自助游。这时，爷爷突然打来了电话。爷爷告诉孙女，爷爷的老家现在成了国家旅游城市，新开辟的山水区刚申报成了一级旅游景点，目前游人不多，暑假孙女正好可以探险、猎奇、看风景。新的山水区面积很大，一个暑假也未必走得完。

接到爷爷的电话，孙女心情好了一大半。然后，爷爷反复叮嘱她，跟父母准假后就买票，他到车站接她。孙女半晌没说话，然后对爷爷说：“可爸爸不让我出去玩。”爷爷说：“我想见自己的孙女，他也拦着不放吗?”

这时，凌鹏接了电话，他向父亲解释：“我不是不让她去你那儿，而是不同意她独自出去玩。什么，去你那不也是出去玩?哎呀，老爸，她是要自助游，一个人跑去陌生地方，我哪放心得下啊！”

爷爷问孙女：“什么叫自助游啊?”女儿跟爷爷解释了一通。爷爷说：“什么游我不知道，但安全还是要注意的。话说回来，你到了我这里，可不能撇开爷爷自助游啊，要不把你走丢了，你爸就不认我这个爸了。”

女儿说：“我不会的啦，爷爷。其实，我是一时心血来潮，觉得自助游很酷。真要我一个人出去，估计没两天我就回来了。”

爷爷说：“那好吧，让你爸爸赶紧给你买票。”

就这样，老将出马，一个顶俩，不着痕迹地消除了父女之间的分歧。

总之，隔代教育作为一种家庭教育方式，客观存在于现实生活中，我们不能视“隔代教育”为洪水猛兽，不能把教育的问题全归咎于“隔代教育”，不能想方设法逃避隔代教育，而应该积极应对，在发挥其作润滑剂的教育优势的同时，克服种种负面影响，使当今孩子在现有的家庭教育环境中健康快乐地成长。

利用社会反面形象让孩子自律

对于像《农夫和蛇》一样具有反面教育效用的故事，大多数家长是耳熟能详的。虽然“近朱者赤，近墨者黑”，但让孩子只接近“赤”，而不接触“墨”是不可能的。家长最多只能营造一个“赤”的家庭小环境，孩子最终还是要走向社会，难免不接触反面现象。因此，只注重正面教育，忽视反面教育，显然难以让孩子适应复杂的社会。家长应该像重视正面教育一样重视反面教育。反面教育有何作用呢？

其一，通过反面教育，孩子会知道做事情很少一帆风顺的，人们正当的、合理的要求也不是总能实现的。这能使孩子认识到社会的复杂性和提高心理承受能力。

其二，生活中的一些反面现象，如好心得不到理解、美好的事物受到挫折等，往往能使孩子产生同情心和责任感。

其三，反面现象能使孩子看到不该发生的事情发生了，从而使孩子在感到同情、惋惜和愤怒的，同时，产生一种克服反面现象的心理需要。

其四，如果始终生活在单纯的环境里，孩子就很难真正成长起来。这样的孩子将来肯定是脆弱的，也很难提高辨别能力。让孩子知道社会还有反面现象以及体验一些逆境的滋味，对加速哈子的社会化进程大有好处。

但是反面教材也得运用好，不要随意滥用反面教育，要考虑好孩子的承受能力。那么，家长应该怎样更好地对孩子进行反面教育呢？

其一，当孩子出现一些不良习惯的苗头时要抓紧反面教育，趁热打铁。

比如与孩子一起看电视，做父母的便可对电视中的反面人物品行加以抨击。李女士想起几年前，电视里有一个××饮料的广告：屏幕上呈现一个扮饰成“小皇帝”的男孩，头戴皇冠，身着龙袍，左右手各拿一个饮料瓶，用厌恶的表情看了看手中的饮料瓶，先后扔了出去，边扔边说：“这个不好喝！这个也不好喝！”唯独爱喝广告中宣传的饮料。而当时，李女士的儿子就存在着挑吃挑喝的毛病，显然，这个广告会对孩子产生不良影响。李女士当时很有心，立即对儿子说：“你看，小哥哥这样做对不对？”有意识地引导孩子来分辨，继而告诉儿子这样做是不对的，不应该乱扔东西，咱们不学他。后来每当这个广告播出时，儿子就说：“小哥哥不好！”

其二，选择反面教材要适当，并不是所有的事例、形象都可以当做反面教材来教育孩子，要考虑清楚孩子的承受能力，否则适得其反。

隋女士的女儿——姗姗小时候，是跟姥姥在一起的。姗姗那时顽皮得很，经常闹腾，晚上也不好好睡觉，姥姥为哄她入睡，经常讲一些故事，比如说大灰狼就在门外，再哭再闹腾就开门放大灰狼进来，把她叼走；又如有些巫婆专门在夜里拐些小孩到木棚里，养得肥肥的，然后放进炉子里烤着吃。故事还没讲完，珊珊早已吓得用被子捂住了头，再也不敢多吱声了，很快地入睡了。隋女士当时真为这高招喝彩。哪知，后来天一黑，珊珊就胆怯怯地往大人堆里凑。再后来，大白天，珊珊也不敢出去和其他小朋友一起玩，生怕被巫婆逮去烤吃了。时间长了，珊珊由于整天躲在家里，难得见太阳，整个脸发白，身体虚弱得很，动辄生病。隋女士算是尝到了这反面教育的苦。

姗姗上小学后，姥姥又开始唠叨起来：隔壁刘家的孩子用功学习考取了北大，毕业就做官，上班夹个公文包，坐专车上下班；再隔壁王家的孩子不用功学习高考落榜，顶职就业，每天背着个工具包，骑专用自行车给人修下水道！甚至有一次她还特意带珊珊坐三轮车，是想让孩子明白，不好好学习，将来只能像三轮车夫一样，干粗活儿，赚小钱。这是把三轮车夫当成“反面教员”了。这还不算，珊珊没上学前就喜欢帮妈妈干活，可姥姥不肯让她干。姗姗上一年级的时候，家里有了保姆，姥姥更不让干了，而且时常拿保姆做教育对象，说：你生在这样的一个家庭，要好好读书，将来要成为一个有文化的人。如果你不好好学习，将来就会像阿姨一样给人家做佣人。后来隋女士再想让孩子帮一点儿忙，珊珊不是不会干，就是不肯。为什么？因为她早已习惯于过舒适的生活。隋女士真害怕等到她长大成人，走向社会后不能适应社会了。姥姥还带珊珊上高档酒店吃“教育饭”，说：“看到没有，只有好好读书，才能上大学，找个好工作，有份高收入，享受到别人不常享受的东西。”这让隋女士苦笑不得，但转念一想，只要对孩子好也就算了。哪知，时间久了，却养成了珊珊嫌贫爱富的习气。隋女士的丈夫自幼父母早逝，家境贫寒，是兄长们供养长大成人，那段时间丈夫的大哥有病从老家来治，住在隋女士家。临走时，侄子想向隋女士借点儿学费。隋女士正要掏给他，半路却杀出个女儿，一句话差一点儿把隋女士噎死：“不能给，他们就是懒。”钱最后还是给了，大哥没说什么，大嫂却不愿意了，后来逢人就说：“那还不是她爹娘教的，真是娶了媳妇忘了娘！”

由此可见，对于孩子来说，反面教材的选取一定要适当，并不是所有的反面教材都适合作为教育孩子的教材。

其三，选择反面教育方式要适度，在选择反面教材时不要夸大其作用、效果。反面教育时应该和正面教育等教育方式结合起来，才能相得益彰，达到事半功倍的效果。

李先生讲了他的真实体验：去年李先生和老婆一起去深圳打工，留下儿子一个人在家里。哪知，儿子很快就和一帮坏小子混到了一起。那段时间，电视里正播放连续剧《笑傲江湖》，不知怎的，儿子和那帮小子喜欢上了武侠书中的反面人物，比如“青城四秀”便是他们所崇拜的，他们为“青城四秀”的不择手段叫好。先是逃学，整天地泡网吧，再后来又迷上了老虎机，赌起博来。这让李先生很是头疼。

报纸上说，某省的一些家长和学校利用节假日，把孩子送到拘留所接受教育，让孩子参观他们的生活来审视自己。许多家长参观了拘留所后说孩子回来“变乖了”“胜过棍棒教育”，等等。这让李先生很受启发，借着儿子来深圳过假期的机会，李先生带着他去了一趟监狱，想让他受到反面教育。哪知，儿子回老家后，不但没有改掉以前的不良习惯，而且有变本加厉的趋势，在他的那帮哥们里开始倡导什么排八字，选老大。李先生几经周折，才发现问题出在那次去监狱。儿子回老家后见人就大谈特谈在监狱的所见所闻。正好邻居家中有一个劳释人员，这个劳释人员在和李先生的儿子闲聊时，大吹特吹“坐牢可以当大哥的好处”，就误导了儿子。

这事后来被李先生的妻子知道后，抱怨李先生说，让孩子到了那种地方，只是参观了里面那些失去自由生活的犯人，狭小的房间，阴暗的灯光……与其说这是一种教育，还不如说这是一种恫吓。对孩子的“吓”只能是一种低级教育，孩子的人格、理想、信念等都被无情地摒弃了。那么多的积极、向上和正面的事物不去加以引导，却以这种缺乏持续效力的反面“吓唬”为教育手段？妻子的抱怨让李先生明白了一个理儿：仅仅依靠反面教育是不够的。

认识到这一点后，李先生开始琢磨改变儿子的方式。

春节回家过年，有了时间陪儿子，李先生把一份《法制报》递给他，上面登有一段关于“少年犯”的文章。等儿子看罢，李先生趁热打铁，从一条小虫毁了一条大船谈起，谈到盗窃者的心理，今天偷1元，明天想偷10元，日后就会犯更大的错误……儿子听得认真，不断点头。晚上，李先生趁热打铁，把他这一阵子的种种表现跟他谈了一下，晓之以理，动之以情，儿子听后，发自内心地哭了：“爸爸，您放心，我再也不干坏事了。”此后，儿子真的变了。

选取反面教育要慎重。来点儿反面教育，孩子明白哪些事情可以做，哪些事情又不可以做，这样做的效果一定要比只是强调他要做什么什么，不可以做什么什么好得多，而且容易接受。通过反面教育，孩子会知道做事情很少是一帆风顺的，人们正当的合理的要求也不是总能实现的，好心得不到理解、美好的事物受到挫折，不该发生的事情有时发生了。这能使孩子认识到社会的复杂性和提高心理承受能力，对加速孩子的社会化进程大有好处。

但是，反面教育孩子要一分为二，特别是要加以引导，切莫强加给孩子。孩子正处成长期，发现这个社会存在的不公平和种种丑恶现象，可能会出现心理上的落差，甚至走向偏激。作为家长尤其要考虑孩子的年龄段、心理承受能力。同时，小孩模仿能力和逆反心理很强，对一些自己感兴趣的东西总是希望去尝试。所以说，让孩子受这种反面教育有必要，但不可盲目，尤其要注意适量和年龄上的差异。家长要对反面现象进行选择，并对可利用的反面现象进行分析。当家长掌握了这个反面现象出现的原因和不该发生的道理后再给孩子讲解。只有这样，孩子将来遇到同类事情时才能知道如何对待和处理。

第七章　奖惩并用的艺术

哥伦比亚大学的盖兹和匹斯兰德两位教授，曾经针对“奖惩在学习上的效果”做了一项心理实验。

他们在某校随机取样，挑选了一些学生进行测验。他们先把这些学生分成A、B、C三组，然后举行考试。隔了三天之后，再举行同样的考试。不同的是，在第二次考试之前，先对A组学生加以奖励，称赞他们考得很好；而给予B组惩罚，责怪他们没有考好；至于C组学生，则不给予奖励，也不给予惩罚。实验结果发现，受到奖励的A组，第二次考试的成绩最好，其次是受到惩罚的B组，没有受到奖惩的C组反而考得最糟。

这项心理实验虽然不能断定奖励的效果必定优于惩罚，但至少证明了奖励和惩罚对孩子都有影响，这种影响至少比不闻不问大。到底是奖励好，还是惩罚好？必须从孩子的角度来看待问题，根据孩子的不同特点，来使用奖励和惩罚，以免在无意间伤害到孩子，给孩子造成难以愈合的心灵创伤。

奖惩不可混淆且要讲究艺术

一位教育学家说："对孩子的教育，该奖不奖，该罚不罚，这是最典型的放任自流的家庭教育；高兴了就奖，生气了就罚，这是不负责任的家庭教育。"

的确，奖励和惩罚只不过是教育的一种辅助手段，教育的秘诀是真爱，只要我们对孩子是真爱，不管是奖励还是惩罚，我们都要接受。所以，做家长的大可不必对其中"惩戒"过度敏感。只有将惩戒教育和赏识教育结合在一起，家庭教育才谈得上完整；只有这样奖惩结合的家庭教育，才能培养出类拔萃的好孩子。

静静这次月考得了第三名，高高兴兴地把成绩单拿给妈妈看。妈妈称赞说："很好，很好，你进步很多哦！"静静听了好开心。不料妈妈却又说："数学怎么还是考这么差，数学考好一点儿不就可以得第一名了吗？叫你要勤算数学，不要只会死记，就是不听……"静静的心，随着妈妈批评的话一直往下沉。

本来看到孩子取得了好的成绩非常高兴，但有些父母求好心切，常喜欢在奖励之后，提出批评或要求。有时这种批评不为孩子所接受，父母和孩子之间还因此引起争执，使一件高兴的事，变得不欢而散。这种奖惩混淆不清的方式，非但没有办法得到预期的鼓励效果，反而让大家都不开心，而且还让孩子感到伤心、失望，甚至引发孩子对父母的误解、愤恨，使得父母和孩子的关系骤然紧张起来。

所以父母在奖励孩子的优点时，语气应该肯定，不要将责备与嘉奖混淆不清。

无论是奖励还是惩罚都是讲究艺术的，奖惩并不是随时随地乱用的：

1. 奖励不可滥用

我们都知道，同样的药物吃多了就会产生抗药性。同样的道理，如果奖励和惩罚用的次数多了对孩子来说就没有新鲜感了。适当的奖励和惩罚能起到强化的作用，但是不是任何时候任何场合都能用的，用的次数多了，它的刺激作用就不好使了。因此，在满足孩子必需的学习用品和生活需要的前提下，要逐步减少奖励的次数，最佳境界就是没有奖励。

2. 奖励要兑现

如果和孩子有了约定，比如家长在孩子某些方面取得较好成绩后会给予奖励，这种承诺就要兑现。做父母的不兑现自己的承诺，就会严重挫伤孩子的学习热情，更为严重的是给孩子树立了言而无信的榜样。如果孩子没有达到预设的目标，也不可以迁就，形成讨价还价的习惯。与其怕影响孩子的情绪而改变初衷去迁就他，还不如没有这样的约定。

3. 表扬要注意时效性

国外学者研究表明，值得表扬事迹的发生时间与表扬的时间差距越大，则表扬激励的效果越小。

这就是说，一个孩子一旦取得了成绩，就应该及时表扬，这样就能使表扬的效果最大化，使孩子一直保持积极进取的状态。但是，这个时候如果父母漫不经心，拖了又拖，孩子就会感到自己的所作所为没有得到认可，或者是没有得到重视，会使孩子对表扬产生淡漠心理。

4. 避免在公共场合和外人面前惩罚孩子

孩子也有自尊，如果家长当众不留情面地惩罚，会伤害到孩子的自尊心，让孩子产生自卑心理。

5. 惩罚要及时

现代教育理论认为，惩罚的效果部分来自于条件反射，而条件反射在有条件刺激和无条件刺激的间隔时间越短则效果越好。

所以家长一旦发现孩子犯了错误，只要情况许可就应立即予以相应的惩罚。如果当时的情况不允许做出反映，事后也应及时处理，让他意识到当时的行为是错误的，并明确要求他改正。

6. 家长情绪不好时，不要惩罚孩子

俗话说："世事不如意，十之八九。"日常生活中我们总会遇到不顺心的事情。父母在心情不好时很难把握好自己的感情，容易把自己恶劣的情绪转嫁到孩子身上。如果父母不能克制自己的情绪而使惩罚无限制地升级，往往会激化孩子对父母的反抗情绪。因此，建议父母不要在酒醉或者情绪不佳的时候惩罚孩子，以免过激失态，影响自己在孩子心目中的形象和威信。

7. 惩罚以后要和孩子沟通

惩罚只是教育的手段而不是目的，教育孩子应该以理服人。因此，惩罚之后必须及时与孩子沟通，一定要向孩子说明惩罚的原因，要让孩子了解并认识到自己的错误，讲清楚如果坚持犯下去将有什么样的后果。让孩子明白自己受罚的原因才是根除错误的关键，沟通是惩罚孩子之后不可缺少的一个重要的步骤。

8. 惩罚不要唠叨

有的时候家长教育孩子总是没完没了地说，令孩子非常反感。家长唠叨多了，有时候令孩子都分不清主次，不知道父母说的重点是什么，也不知道听哪句为好。因此，家长在教育孩子时务必切记要改掉爱唠叨的毛病，凡事点到为止。

再有，有的家长教育惩罚孩子时愿意翻旧账，把孩子以前犯的错误也拿出来晒，诉说孩子的种种不是，甚至将孩子说得一无是处，甚至忘了这次训教的主题。这是非常错误的做法，惩罚孩子的时候一定不要牵连广泛，要一事一议，就事论事，以免过度惩罚，引起孩子的反感。

总之，奖励和惩罚是两种相对的教育孩子的方法，奖励、惩罚的目的不是为了父母情感的宣泄，而应该是为了促进孩子的健康发展。平时父母对孩子要以奖励为主，孩子有进步就会得到奖励，但必要的处罚也是不可缺少的，它也是教育孩子的一种手段。不过父母在处罚孩子时要抓住时机，而且要罚得心服口服，这样才能起到抑制孩子的不良行为的效果。总之，惩罚是一门艺术，惩罚能否达到预期的效果，关键是要看父母是否使用得当。

表扬和批评都要用对地方

在教育孩子的过程中，一般家长都免不了会表扬、批评自己的孩子。表扬、批评时常用，但有时用得不是地方、不是恰到好处。在表扬、批评孩子的时候，我们家长应该注意些什么呢？

恰当的场合，恰如其分的表扬、批评，对于孩子的健康成长是至关重要的：孩子就是在家长、老师的表扬、批评声中明辨是非，确定人生走向的。但是，如果表扬、批评用得不是地方，那它对于孩子的误导、伤害同样也是很大的。

辛迪到一个教授家做客。她看到教授5岁的女儿金发碧眼、乖巧伶俐，就抚摸着这女孩的头说，你长得这么漂亮，真是可爱极了。

教授等女儿退走之后，很严肃地对辛迪说，你伤害了我的女儿，你要向她赔礼道歉。辛迪大惑不解，说我一番好意，夸奖她，抚摸她，“伤害”二字从何说起？教授说，你是因为她的漂亮而夸奖她，而漂亮这件事，不是她的功劳，这取决于我和她父亲的基因遗传，与她个人基本没有什么关系。你夸奖了她，孩子还小，不会分辨，她会认为这是她的本领。而她一旦认为天生的美丽是值得骄傲的资本，就会看不起长相平平，甚至长相丑陋的孩子，这就成了误导。不过，你不要这样沮丧，你还有机会弥补你的过失——那就是你可以夸奖她的微笑和礼貌，这是她自己努力的结果。

后来，辛迪正式向这个小姑娘赔礼道歉，同时表扬了她的微笑和礼貌。

这个意味深长的表扬不当的事例是很容易被人忽略的，不经人指点，我们很多家长都会继续延用这种不当的表扬。这是涉及学识、修养、观念更新等一系列问题的问题，解决起来还需假以时日。

同样，在批评孩子的时候，我们的家长也时不时会犯错误。有的家长当着外人的面随意指责孩子；有的家长动不动就骂孩子缺心眼儿、其笨如猪、无可救药……他们全然不顾孩子的天性、禀赋、气质和内心的感受。这是很伤孩子的心的。

对孩子，无论是表扬还是批评都应该附耳细说。

古书上记载了这样一个故事：

有一位名叫黄喜的相国，他过一片农田，瞧见农夫驾着两头牛正在耕地，便问农夫：“你这两头牛，哪一头更棒呢？”农夫看着他，一言不发。等耕到地头，牛到一旁吃草，农夫附在黄喜的耳边，低声细气地说："告诉你吧，边上那头牛更好些。"黄喜奇怪地问："你干吗要用这么小的声音说话？"农夫答道："牛虽是畜类，但心和人是一样的。我要是大声地当着它们的面说这头牛好，那头牛不好，它们能从我的眼神、手势中分辨出我的评论，那头虽然尽了力，但仍不够优秀的牛，心里是会很难过的……"

由牛联想到人。无论多么聪明的牛都不会比一个发育健全的人，哪怕是稍明事理的儿童更敏感和智慧。对照那个对牛的心理体贴入微的农夫，我们做家长的是不是在批评的瞬间，忽略了孩子心灵的感受呢？

我们有些家长，常常以为孩子是没有或缺乏自尊心的，随意地大声呵斥他们，不管是什么场合，有什么人在场，只顾自己说得痛快，全然不顾及孩子是否承受得了。他们以为，只要是良药，再苦涩孩子也应该面不改色心不跳地吞下去；孩子越痛苦，越说明对这次教育的印象越深刻，越能起到举一反三的效力，其实这是错误的。

很多家长都知道，批评孩子要注重场合，不能不观察旁边的环境。但是，表扬孩子，他们就觉得可以随心所欲，想在哪儿表扬，就在哪儿表扬，这其实也是一个误区。

批评就像冰水，表扬好比热敷，彼此的温度不相同，但都是疗伤治痛的手段。批评能使孩子清醒，凛然一振，深刻地反省自己的过失，迸发出挺进的激奋。表扬则像温暖宜人的淋浴，使人血脉膨胀，意气风发，产生蓬勃向上的豪情。

批评、表扬是把双刃剑，使用得好，犀利无比，能斩出一条通达的道路，使孩子快速向前；使用得不当，就可能既伤了自己的孩子，也伤了别人的孩子，滴下一串串淋漓的鲜血。比如，在孩子的同伴面前，你夸奖别人的孩子，就意味着暗自批评自己的孩子，这就会使自己的孩子在同伴面前很没面子；如果当着别的孩子的面，夸自己的孩子，别人的孩子会心里酸酸的，暗自感到自己是在遭受排斥，心生去意，这就打破了孩子间的心灵平衡，影响了他们的交情。所以，不分场合的夸奖、表扬同样不是一件好事；批评孩子需要回避外人，表扬孩子同样需要回避外人。在私密的环境中，孩子听着表扬的话，心里甜滋滋的，喜形于色，产生一种昂扬的斗志。若有同伴掺和其中，家长自以为是的表扬，结果都将是得不偿失。

表扬、批评都应该是有原则的。对于孩子来说，凡是隶属天分的那一部分，无论是表扬还是批评，都不必过多地拘泥于此。

我们有很多与生俱来的特质，每个人都是不同的。比如相貌、身高、气力的大小、智商的高低……在这一范围里，大可不必过多地表扬或批评自己的孩子。夸奖自己的孩子如何美丽、聪明，不但无助于他有的放矢地提高自身的学识、修养，还有可能使他繁殖繁衍出莫名的优越感，从而以为靠着自己的美丽和聪明就能在社会上出人头地。

批评也是一样，奚落、嘲笑自己的孩子傻、笨，他自己无法选换一副大脑或神经，只会悲观丧气，甚至从此自暴自弃。

批评和表扬的驰骋疆域，应该是人的力量可以抵达的范围和深度。它们是评价态度的标尺而不是鉴定天资的分光镜。

不宜的批评和表扬，如同太冷的冰水和太热的蒸汽，都会对人的精神造成伤害。孩子心灵极为精巧、细腻，他们自我修复的能耐还不够强大，如果伤害太深，会留下终生难复的印迹。特别是对于自身无法改变的那一部分，家长如果再去责怪、渲染、强化，将使孩子陷入自卑、痛苦的深渊，无力自拔。

微笑看待孩子的失败

毫无疑问，父母们都希望自己的孩子能成功，都希望孩子在成长的道路上少走弯路。父母不想让孩子失败的思想源于“我必须做好任何事情”。大多数父母总是鼓励孩子做好他们生活中遇到的每件事，期望孩子能够轻松自如地展示自己的才能。

但是，有的时候孩子遇到困难后却不知所措，甚至悲观失望。家长有的时候可以帮助孩子渡过难关，但不可能每次都能帮到孩子。如果孩子不懂怎样面对挫折，克服困难，自信心会很脆弱，不堪一击。所以与其为孩子提供一个玫瑰园，令他们受保护，不如多给他们一些面对挑战的机会。

有一位著名的企业家说过：“千万不要害怕失败，害怕失败就会畏缩不前！”

一个人一旦有了畏缩心理，就会什么事也不敢做了。企业家的这句话同样也适用于父母对孩子的教育。

有时孩子想做什么新的尝试，父母一听就脱口而出：“你做得好吗？莫做错了，把东西搞坏了！”这样孩子就会犹豫畏缩起来，没有了信心！而信心则常是一个人做成事的后盾。反之，畏缩、害怕失败，心理上首先就失败了，便更容易把事情做坏。

有位围棋家说：“不尝试是无法知其成败的。”他以此话勉励自己的弟子。所以他的弟子们都敢积极地进行挑战，而且多数成为了棋坛名人。

现在的孩子生活环境和条件都很优越，很少体验到挫折、失败，缺乏面对失败的心理准备，也缺乏解决问题的勇气和能力。因此，在日常生活中，在平时的教育中，父母应有意识地设置一些困难的情景，来磨炼孩子的意志，使孩子做好面对困难和失败的心理准备，培养一定的解决问题的能力，只有这样，孩子才不会临阵慌张。

具体做法是，让孩子做好接受失败的准备，告诉孩子生活中的失败是常有的事情，不要被失败吓倒。任何一个人都可能遇到挫折，经历失败，只是各自经历的痛苦不同，遭受的失败不一样而已，让孩子做好心理准备。

另外，家长可以给孩子讲讲电视、小说、现实生活中经历失败却仍然站立起来的事例，增强孩子的抗挫折能力，激发孩子的抗失败勇气。

遭遇失败时恰好是思考的最佳机会，在这个时候父母是否做旁观者呢？当然从旁边适当的指教是必要的。当孩子在马路上摔倒时，美国的母亲只说三言两语，然后，只是看着孩子直到他站起来为止；而中国的母亲大多数会马上跑过去。听说在非洲有的民族是模仿孩子，反复与孩子站起摔倒，而不去扶他。

美国人是以鼓励的语言帮助孩子站起来；非洲人是以父母摔倒后自己站起来的无声的实际行动教孩子，从侧面帮助孩子自己站起来，都决不像有些中国父母那样亲自动手帮孩子解决困难。其实孩子具有自我思考的能力，所以大人只要让孩子做好充分利用思考能力的准备就可以了，切勿代替孩子做出来。

有的心理学家说，记忆是忘记的重复，反正最终要忘记的说法是不正确的。不重视父母的反复努力，孩子的记忆力就永远得不到锻炼。虽然经历困难的时候很难受，但如果一个人在童年时期没有面对挫折和失败的经验，长大后又如何能渡过难关和消除失望呢？生长在雨林中的树木，雨水充足，不需要把根扎得很深去摄取水分，因此一场暴风雨就可以把它吹倒；相反地，生长在干旱沙漠中的灌木，恶劣环境使其必须不断向下扎根，甚至达9米之深，以便寻找清凉的地下水源，结果它会变得坚强稳固，不怕任何风雨的打击。这个例子也适用于我们的孩子：学会克服难题的孩子，比从来不会面对难题的孩子更安全。

所以，对孩子的失败，父母要微笑地面对，这也体现出父母的宽容的心态，这样才能有效地放松孩子的紧张情绪。其实失败并非坏事，父母应该这样思考："孩子正在从失败中学到各种各样的东西，失败能使孩子勇敢地面对困难。"正如本田先生所言："自己经过努力而掌握的知识和技术，要比从别人那里学到的知识和技术更具实用性，作用也更大，将会受用终生。"纵然失败，孩子从失败中获得的东西，也会对他以后的人生产生深远的影响。

如果我们家长过度害怕失败，害怕失败给孩子带来不便，不允许孩子失败，从而剥夺了孩子从失败中探索、学习的机会，孩子就可能永远成为大人心目中的孩子，遇到问题不会解决，面对问题只会退缩。

如果只让孩子走一条没有失败的、安全的道路，那他们的依赖性就会增强，自己解决疑难问题的积极性就会丧失。

事实上，任何成功人士通常都经历了无数次的探索与失败。任何人在做什么事情的时候，都有一个学习与实践的过程，而且开始通常也都是做不好的。只有通过不断的实践，才能由做不好达到做得好。一个人初次洗衣服时肯定洗得不甚干净。因为他没有洗过，没有经验，不知道怎样才能洗得干净。做饭也是一样，很多人第一次做饭，不是少放了水，把饭煮得过硬；就是多放了水，把饭煮得过稀，这是不足为怪的。孩子也是一样，都有第一次，做得不好，那很正常，父母不要过于责备，而应帮助他总结经验，找出没有做好的原因，下次也就可能做好了。所以，正确的态度不是埋怨、责骂，而是热情地帮助孩子找出失败的原因。俗话说，“失败为成功之母”，也就是这个意思，没有失败，何来的成功?!

这个道理说起来简单，做起来并不容易。有些父母看见孩子没有把事情做好，就干脆自己做了起来。他们的说法是：“我自己动手省事得多。”

有些孩子在考试时，由于某些原因临场发挥得不够好，而没有考好。这时父母就焦躁不安，于是埋怨、责骂。

这种做法是极端错误的。像孩子考大学这种大事，我们当然不希望孩子落榜，但同时我们却又必须允许和容忍孩子失败。既然都已经发生了，父母就绝不要再埋怨和叱责。反之，应关心和体贴孩子的痛苦，微笑地对待他的失败，同他谈心，共同找出考试失败的原因，想出克服的办法，找出前进和努力的方向，激励孩子再战，争取下次战斗的胜利！

失败对于一个人来说可能是绊脚石，也可能是成功的踏板，到底起到什么作用关键看这个人的心态。你要是将它视作洪水猛兽，失败也许就会将你打垮。如果你并不惧怕失败，失败就只是你成功路上的一颗石子，对你不会有太大的影响。所以，你对失败的心态是决定你幸与不幸的重要因素。具有积极心态的人，必然会以坚毅的精神拒绝将任何失败都等同于最后的结果；而消极心态的人，则以一种绝望的态度来面对失败。人格的力量就像一棵大树，在狂风暴雨洗礼后，仍然傲立大地，展现出勃勃生机。阳光洒在颤动的树梢，风雨洗去了蒙蔽的灰尘，大树显得更加翠绿和美丽。所以，让孩子积极地看待失败，在失败中奋起吧！

当孩子犯错时，父母先不要愤怒

孩子在成长的过程中出现错误是在所难免的，对自己不小心所造成的破坏，孩子有的时候也是非常后悔的，甚至恐惧。要想孩子少犯错误，避免重蹈覆辙，父母的态度非常重要。父母这个时候应该包容和宽慰孩子，而不是批评和指责。因为错误已经造成了，批评和指责已经于事无补了，因为如果一味地批评和指责只会让孩子与自己的感情更加疏远。下次再有这类事情时，孩子有可能就会隐瞒父母，为了免于责罚而撒谎。

有一个企业家在回忆录中写道："上小学时，即使我玩得过分，成绩退步了，父母也从不严厉责骂我。当我把成绩单交给他们看时，他们看看各门分数的成绩，然后看看我的脸。当然我觉得很不好意思，而且等待着挨父母的骂。然而他们却没有骂我。这样反而使我更加感到愧疚，决心下学期一定要好好读书。"

日本有一届议长在回忆他的童年时，说："小时候，母亲经常要我去买东西。有时我不是买错了，就是买漏了。但是母亲发现后，从不责骂，只是说明天再去买回来。”这样就养成了我把要做的事都写在纸上的习惯。

从上面这两人的回忆，我们可以看出孩子犯了错误时，他们自己也是有愧疚有改正的要求的，也会想办法改正。问题是父母怎样对待，怎样启发他们认识错误和感到愧疚。

要做到启发孩子的自我反省，相信孩子能改正错误却不是那么容易的。我们日常最常见的也是最简单的就是责骂，或者埋怨孩子不听话：“你看，我所说的没有错吧！”或者当孩子不听大人的忠告而失败时，父母会说：“我的判断是正确的吧！你总是不听！”

父母想强使孩子确认他们的判断是正确的，从而使孩子对他们听从。他们的用心是可以理解的，但是问题是这种埋怨和责问实际上等于剥夺了孩子的自我判断，会使孩子丧失自信，有的甚至还会对父母的这种怨词感到反感：“什么都是你说的对！”“什么都得听你的！”

所以，当孩子出了差错，尤其是当孩子反省自己的差错时，父母应保持沉默。当然。有的母亲也会讲，孩子会反省什么过失，他们根本就不会感到愧疚。这种看法是不完全正确的，孩子到了一定年龄都会有一定的判断能力，简单的好坏还是能区分的，并且也有一定的自尊心和羞耻感，因而做错了事，由于贪玩而荒废了学业，考试不及格，他们是知错并有一定的羞愧的。当然，不同的孩子羞愧的程度不同。问题在怎样启发他们的自尊心、羞耻感，进而反省，然后自我下决心改正。

日本儿童心理学家和幼儿教育家多湖辉在他一本关于孩子教育的专著中讲了一件自己的亲身经历。

他念中学时，校风非常严格，课堂上答不出问题，就要留校补课。老师用心良苦，而他却并不感激，而且对老师抱憎恨态度。他一向成绩不好，经常留校，于是只想如何在学校捣蛋。在高年级时，他和一群劣等生引起了一场轩然大波：捣毁了存放军训教材和枪械的教室。事后，他们才发现事情太严重，面临退学的危险。回到家里，他准备接受母亲的责打，母亲却只说："现在你要后悔也来不及了，过去的事已无法挽回。这次滋事的后果，我想你心里有数，所以我也不再说什么了。你可能会被勒令退学，你就想想将来该怎么办吧！"

这些话比任何叱责更令他深感内疚和对不起父母，于是发誓此后绝不再给母亲带来任何麻烦。

当孩子出于好意却做了坏事，造成比较大的损失时，父母应该冷静处理，不要发怒，应该告诉孩子："谢谢你的好意，但是你的方法是错误的，以后应该这样……"

一位叫大卫·科波菲尔的医学科学家，当有人问他为什么比一般人更有创造力的时候，他回答，这与他两岁时发生的一件小事有关。

有一次，他尝试着从冰箱里拿出一瓶牛奶，因为瓶子很滑，他一失手，瓶子掉到了地上，牛奶溅得满地都是。

他的母亲来到了厨房，并没有对他大呼小叫或者是批评惩罚他，而是对他说："哇，你制造的混乱可真棒，我还没见过这么大的奶水坑。牛奶反正都不能喝了，在妈妈清理之前，你要不要在牛奶里玩几分钟？"

他的确这么做了。几分钟后，他的母亲说："你知道，每次当你制造这样的混乱时，最好还得把它清理干净，你想这样做吗？我们可以用一块海绵、一条毛巾或者是一个拖把，你喜欢哪一种?”他选了海绵，于是他们一起把打翻的牛奶清理干净了。

之后，母亲又说：“如何用两只小手拿大牛奶瓶，你已经做了一个失败的实验。来，让妈妈把瓶子装满水，看看怎么样才能拿得动它。”小男孩很快就学会了，用双手抓住瓶颈，就可以拿住它并且不会掉了。

这位科学家在那一刻懂得了过失犯错是学习新东西的机会，因此不需要害怕犯错。

其实，孩子犯错是很正常的，并且很多错误都是不故意犯下的。也许有些错误造成了恶劣的后果，但是父母不分青红皂白地批评、责骂，不但不能解决孩子的问题，反而会让孩子形成胆怯、退缩的不良心理。所以家长要以平静的心态对待孩子的过失，这才是最好的教育方法。

也许有的家长会说：我们也很想平静对待孩子犯错，但是有的时候就是控制不了自己，也不知道该怎么做才能做到最好。那么你可以考虑以下几个建议：

1. 体谅孩子的错误

错误，每个人都会犯，更何况是孩子。因此，家长在面对孩子犯错时，要学会克制自己的怒气，用一颗平常心来对待孩子犯错，把它看做一件很正常的事情，是孩子成长过程中不可避免的。父母要心平气和地对孩子讲道理，帮助孩子分析错误所在，并指出改正的办法。

2. 区别对待孩子犯错

孩子犯错可以分为无心之过和有意为之。无心之过，一般是孩子没有意识的犯错，通常孩子做过之后会很后悔、内疚。所以，对待这类错误，父母要原谅孩子，并帮着孩子分析和解决问题。而有意犯错，主要是孩子故意造成的。对待这样的错误，父母要严肃处理，给孩子讲清楚危害所在，并督促孩子改正。

3. 允许孩子解释自己的行为

有些父母性子急，孩子一旦犯错，不容分说一顿打骂。其实父母的做法是错误的而且很自私，打骂孩子是发泄自己的怒气，缓解自己的情绪，没有丝毫的教育目的。有的时候我们得听听孩子的说法，有些时候孩子犯错是不故意行为。如果父母不分青红皂白一顿打骂，有可能将孩子的积极性浇灭掉了。所以当父母遇到孩子犯错时一定要慎重，不要急于下结论。

4. 教孩子自我解决

有的时候孩子犯了错误，还没等家长来教育，自己就开始后悔并反省，进行自我教育了。因此，当孩子犯错时，父母可以引导孩子自己寻找原因并加以改正。这样，孩子对自己的错误会有深刻的认识，而且自己找到原因的话，自觉性会很高，避免再犯类似的错误。

总之，孩子是未来的花朵，现在他们都还很娇嫩，无论是心理还是外在，都需要父母的呵护。当孩子犯错时，家长要有耐心，用正确的方法引导孩子去改正错误，这才是正确的教育方法。

让孩子适当发泄

每个孩子都会有一定的情绪状态，也都会有“坏”脾气。而孩子是不能自觉控制自己情绪的，常常会发泄。家长往往不了解这一点，自觉或不自觉地对孩子像对大人一样要求其情绪平稳，不让孩子喧泄情绪。看见孩子在众人面前“发作”，在家长心中环绕的念头是什么呢？“真丢人，别人肯定会批评我没有管教好孩子。”当孩子当众有异常表现时，父母首先想的是自己的面子，却很少有人真正地去关心孩子此时的心情与情感需要。家长们很快就做出结论——真是胡闹，并很快地加以压制。

结果，一些孩子压抑惯了，长大后，性格抑郁沮丧，心理不够正常。或因压抑过多，突然迸发、报复，是极为有害的。

16 岁的刘阳（化名）是成都某中学的在校生，今年年初，他被几名中学生暴打一顿，但心里的委屈不敢向父母说。夜里，刘阳时时伴随噩梦醒来……不久，刘阳因此停学。两周前，刘阳在家人的陪同下，来到某医院心理卫生中心。大夫诊断刘阳患了创伤后应激障碍，经过发泄治疗后康复出院了。

当然，我们的孩子不一定会出现这样的状况，但是父母一味地压制，不让孩子适当地发泄，就会出现这样或者那样的心理问题，家长的有些做法和想法是错误的。作为训练有素的成人，在我们的脑海中有成套的清规戒律，在情感表达上我们也有明确的概念，什么样的情感是值得赞扬的，什么样的情感是不应该存在的。

而孩子却没有形成这样的概念。比如，孩子在两岁左右爱发脾气是一种正常现象。因为这一年龄段的孩子易冲动，自制力差，对挫折的容忍程度是有限的。孩子要到外面玩，父母不允许。为什么不允许，他不明白，有可能就要通过发脾气的方式表达自己的感情。而 4 岁以上的孩子，对挫折有了一定的控制能力，初步明白了一些事理，如果还频频哭闹、经常发脾气，其原因大多在父母身上。

雯雯一向很固执，对自己认准的事情决不回头。如果不如意就发脾气，找理由哭闹，妈妈对此十分头疼，总是提防着她的坏脾气爆发。

妈妈常常对朋友说：“我们雯雯一般都很乖。就是脾气一上来，就像吃错了药，怎么说、怎么劝都不行，软硬不吃。”一天，一位朋友说：“她总是有原因的吧，不会无缘无故就哭闹！”

妈妈留心观察，发现雯雯总是在父母不耐心或有恼怒表情后开始“发怒”，而且纠缠不清。妈妈翻开一些育儿书看，其中讲到孩子对归属感的寻求，不禁有些醒悟。也许雯雯看到父母生气，会想到他们不再爱她，所以有危机感，因恐慌而暴怒？

找到原因就好办了。有一次，雯雯又闹起来，这次妈妈没有训斥或表现出厌烦，而是和颜悦色地拥抱着雯雯说：“妈妈知道你心里难过，能不能告诉妈妈为什么难过呢？”这样问了一阵，女儿终于吞吞吐吐地说：“我看你刚才生气，以为你不喜欢我了。”

“傻孩子，妈妈怎么会不喜欢你！刚才妈妈情绪不好，所以对你态度也就不好了。可是妈妈是喜欢你的，你要相信妈妈。”这样以后每当雯雯有迹象要发怒时，妈妈首先向雯雯声明她喜欢雯雯。这的确使雯雯平静了许多，不再没完没了地“找麻烦”了。

由此可见，孩子发脾气一定是有原因的，不可能无缘无故地发泄心中怨气，但是脾气发作会严重损伤孩子的情绪和生理状态，也使父母狼狈不堪，感到很棘手。所以父母要想方设法制止孩子哭闹、发脾气。可是怎样制止呢？一定要根据发脾气的原因“对症下药”，方能奏效。

小孩子发脾气有很多种类型，只要区别其中的差异，才能有的放矢，做好排解工作。孩子为什么会有“坏”脾气呢？

1. 疲劳或受挫折时发脾气

孩子在感到饥饿、疲劳或者是为他所做的事情感到迷惑的时候，很容易发脾气，其发泄的主要方式为哭、叫、摔东西，等等。对此做父母的应及时做出反应，及时给以安慰，鼓励他，给他提供帮助。

2. 寻求父母的关注

有时，孩子想要和你玩，想要你注意他，或者你没有答应他的要求，或者你出门不准备带他，孩子就会闹情绪，发脾气。这时，你需要对他微笑，安抚他，让他适当发发脾气，等他安静下来，再主动与他谈话。

3. 跟父母赌气，使小性

有的时候孩子要耍小脾气，无论你说什么，他都反对。这时，你可以推迟一些事情，可以放段轻音乐，让孩子放松一下，切忌做正面冲突。就像父母一样，孩子也有心情不顺的时候，雨一过天就晴了。

4. 破坏性或恶作剧地发脾气

有的时候，孩子会专门挑公共场合或者是人多的时候闹情绪。这个时候，家长可以把他们领到无人的地方，先让孩子冷静下来。事后，告诉他这样做是非常不礼貌也不受欢迎的，是大家不希望看到的行为和表现。

5. 孩子的情绪失控

有时孩子会在身体上和情绪上完全失去控制，感觉自己压力大。此时家长一定要冷静，不要批评孩子，尽量让他平静下来，以防他伤害到自己或他人。事后，家长要询问孩子的状况，听听他的想法，了解事情的原委，以免类似的事情再发生。

找到了孩子发脾气的原因，也找到了解决和减少孩子发脾气的办法：

1. 给孩子发脾气的权利

假如孩子正为某事在气头上，要允许他发脾气。父母不妨停下手边的工作，先坐好，不左顾右盼，安静地等待孩子，安静地看着孩子，不去打断他的话，全神贯注地倾听，这等于告诉孩子：我们很在意你，我们在认真地听，在注意你所说的感觉或问题。

2. 父母自己不要经常发脾气

家长如果经常将在外面受的气，撒到家里，或者是遇到什么事情总是火冒三丈的，孩子会模仿家长，会和家长学处理问题的方式。所以，家长要时刻注意控制自己的脾气，不要当着孩子的面儿经常发脾气，要以身作则，为孩子创造一个良好的家庭氛围，让孩子保持一个冷静的、积极的情绪，控制不良情绪的爆发。

3. 父母的教育态度要一致

在处理孩子的事情上，家长一定要态度一致，不要形成多个派别。孩子发脾气时也是一样，家长不可以有人不理睬，有人哄，有人离开，更不能当着孩子的面争论。事先一定要沟通好，一旦孩子脾气发作，全家人要态度一致，否则孩子会变本加厉，哭闹不止。

4. 满足孩子的生理和心理需要

培养孩子的广泛兴趣和爱好，在不影响孩子学习的前提下，可引导孩子学习绘画、下棋、弹琴等，以逐步培养他豁达的性格。

5. 转移孩子的注意力和松弛训练

孩子生气时，父母除了表示对他理解和关怀外，还要尽量转移他的注意力，引导他做些愉快的事。对大一些的孩子可通过各种体育活动来达到其精神和身体的放松，有规律的深呼吸也有助于孩子身心松弛。

6. 及早发现孩子坏脾气的苗头

鼓励孩子不要把什么事情都藏在心里，如果有不愉快的事情要说出来。一旦发现孩子的情绪有异，立即提醒他。也许有些事情正在困扰他，他需要你提供帮助。

7. 让孩子有适当发泄的机会

如果孩子的坏脾气已经形成，首先可以采取冷处理方式，在其发脾气时故意忽视不理，让他慢慢冷静下来。其次可以选择适当的方式让他发泄出来。如通过交谈帮助他把怒气宣泄出来。

父母不要对孩子施加太多压力

专家称，一味讲求竞争和有错必罚的教育理念带来的是学生精神过于紧张，对其心理健康造成影响，而减轻不必要的压力则是势在必行。

现在，许多孩子是在父母和祖辈的共同关心下成长起来的，并顺从长辈的要求在激烈的竞争中考大学，考公务员，找好工作。繁重的家庭作业和课外活动在新中产家庭的孩子中屡见不鲜，父母们拼命想让自己的孩子比起跑线上的竞争者赢得优势。

现在社会的竞争性和惩罚式的教育环境导致了很高的压力和心

身症状，应尽快采取措施降低学生不必要的压力。

去年，联合国儿童基金会利用儿童节的机会宣传“玩的权利”，一项据称常被遗忘的权利。联合国儿基会中国的一位发言人称，“儿童压力的问题也是我们所关注的。我们发现农村的教育方式还是很强调记忆和重复信息，我们正在努力让教育变得更加以儿童为中心。但在北京和上海这样的大城市，教育制度经过改革之后，质量有所提高，但是人们的期望也在迅速上升，这给儿童带来了更多的压力。这对于转型时期的经济体来说并不罕见，同样的情况也曾发生在日本和韩国。”

由以上的数据可以看出，中国的孩子现在都面临着压力过大的现状。从上学开始就有很大比例的学生表示学习压力大，随着年级的升高，似乎学习压力越来越大。

有的家长可能认为，现在社会竞争力这么大，学习上有点压力是很正常的，如果一点压力都没有又怎么适应将来的社会竞争？但是，学习压力过大，超出了孩子的负荷，不但不能提高学生的学习成绩，反而会让学生讨厌学习，严重的会给孩子造成很大的心理问题，现在社会上就有不少孩子抑郁、心理扭曲甚至是自杀。

李想，一个初三的孩子，下面是她特别相对妈妈说的话。“上初三的我，学习任务越来越重。自从开学后，我的每一天都是一个样子。那天我像往常一样回到家，父母就把门一锁，我的屋里除了灯的电源外，其他电源都被切断了，让我与世隔绝，连上厕所也要通报一声。晚饭后，我本来想借用刷碗来调节一下，可立刻被父母拒绝了。如果这事情发生在初一、初二，妈妈肯定很高兴。但现在不同了，我现在初三了，马上就要面临中考，除了学习，我已经没有了任何自由。此时妈妈大声斥责道：‘你想玩会儿，就直说，不用拿刷碗当借口。等考不上，我看你怎么办?’当时，我的心里委屈急了。”

其实，这个孩子在面临中考，自身的压力其实是很大的，她是想借着做家务来调节一下，可是粗心的妈妈并没有理解这一点，反而斥责孩子贪玩。作为家长在督促孩子学习的同时，一定要了解孩子的心理状况，帮助孩子解除学习、生活中遇到的压力，让孩子活得轻松点儿，绝不能让孩子在这样的压力下垮掉。

在中国，有许多孩子，他们往往是独自面对生活、学习上的压力。这些家长也都是比较粗心的，没有及时看到孩子的心理变化，孩子们往往都把这些压力埋藏在心里。这个时候家长应该注意，如果孩子以前的时候话多，突然间变得较为深沉，那他一定是遇到了问题，家长应该想办法帮助他，先与他沟通，缓解孩子不安的情绪，这样有利于缓解孩子的压力。

专家曾表示过，过多的压力会给孩子心理造成障碍。好多学习稍差的孩子的家长也给予很大的压力。他们认为，压力不够大所以孩子学习不够用心，但是实际情况是：压力和学习成绩在一定范围内成反比例，有些时候给孩子太多压力反而会事与愿违。

所以，家长应当正确看待压力，不要给孩子在学习和生活上过多的压力，孩子不是学习的机器，他们应该有自己的时间和空间。

第八章　及时纠正孩子不好的苗头

在孩子的成长过程中，孩子会因为自身没有是非对错的概念，而形成一些不良的习惯。因而我们在抚育孩子的过程中，一旦发现一些不良的行为，需要及早制止并给予一些引导，从而促进孩子良好习惯的形成。

对孩子的任性不可放纵

一般说来，孩子由于心理发展还不成熟，对许多事情缺乏认识和判断能力，再加上多是独生子女，多少有些娇惯，所以任性是现在的孩子普遍存在的问题。如果我们放任孩子的任性，将会影响他们的人际交往。因为任性的孩子很难与同伴友好合作、分享、协商，他们往往随心所欲，以自我为中心。

孩子任性，的确是父母所面临的一道棘手的难题，那么任性到底是怎么产生的呢，它的根源是什么呢？

一方面是当孩子向父母提出一些过分要求时，爸爸妈妈的教育方法不当，不是通过耐心来说服教育，而是横蛮地加以拒绝。孩子没有明白为什么自己的心愿不能实现，理所当然会任性。

另一方面家庭中的成员对待孩子的任性处理方式不一致。比如，当孩子表现得很任性的时候，奶奶和妈妈可能会出于溺爱孩子而尽量护着孩子，而爷爷、爸爸则想要纠正孩子这种坏习惯而严厉拒绝。最后的结果往往是不了了之。于是，孩子因为有了靠山，往往会变本加厉地任性。

所以，爸爸妈妈一定要深刻认识到：一味地顺从、纵容孩子，会让孩子变得为所欲为，十分任性。家长不可以过分溺爱。在家长过分宠爱下长大的孩子，想怎样就怎样，这样的教养方式必然造成孩子的消极创造性行为，他们以自我为中心，自私、无理，缺乏行为规范和自我约束意识，缺少互助、合作的意识，缺乏谦让、自制的行为。

有位家长说："我孩子闹起脾气来，任何人都吃不消。他吃饭从不按时三餐，想吃时就吃。而我们吃饭时，他准是在一旁玩个不停，且最好由人陪在他身边，如果硬劝阻他，他会哭闹不止。"

像这样的孩子，如果家长不加以重视和纠正，会妨碍孩子的心理健康和心理的正常发展。同时，孩子任性时通常会伴随着烦躁、愤怒的情绪。经常性的情绪失控会对健康产生不利影响。因为任性会导致无法正确认识和判断事物，个性固执不明事理，妨碍生活能力的发展，不善与人交往，难以适应环境，不被别人接受而陷入孤独，经不起生活的考验和挫折，对孩子健康成长不利，严重的还会由于易冲动而犯罪。

作为家长首先要明确要求，预防在先：家长平时对孩子的行为要有明确的要求，如制订一些简单、明确的规则。规则一旦制订，就要坚决执行，以此来规范孩子的行为，如待人接物的礼貌要求、作息时间的安排等。这些规则可以使孩子明白自己的行为并不是随心所欲的，而应该受到一定的约束。当然由于孩子任性的表现千差万别，因此解决任性的方法也要因人因时因事加以实施，宗旨在于给孩子提供适当的约束，增加其心理自控能力，可参照以下几种方法：

1. 不理睬孩子的任性

当孩子任性时，有的家长大声训斥、恐吓，甚至打骂，这不仅无益于问题的解决，还有可能造成孩子的逆反心理，使孩子进一步用任性的行为来与家长抗争。家长可以用不予理睬的方法来对待孩子的任性。例如：

孩子吵着要买玩具或者吵着要上什么地方，而此时家长没有时间，孩子为达到自己的目的哭闹不止，甚至在地上打滚。父母可采取不劝说、不解释、不打骂的方法，让孩子感到父母并不在意他的这些行为。当孩子闹够了，从地上爬起来时，父母可以说："我们知道你不开心，但你现在不闹了，真是一个好孩子。"并表示出高兴、满意和关心，跟孩子讲道理，分析他刚才的行为对不对。

2. 转移孩子的注意力

孩子注意力集中的时间比较短。如果孩子发脾气，父母可以利用孩子的这一特点，转移孩子的注意力，从而让孩子忘记刚才的事情，改变孩子的任性行为。例如：

一个跟着母亲购物的孩子，在商场里玩得很上瘾。母亲急着赶回家，可他就是不愿意走。如果母亲说："我们回家吧。"他可能坚持要在商场玩，但是，如果母亲说："走，妈妈带你去坐汽车。"他可能就愉快地答应了。然后妈妈领着他坐公共汽车回家。

3. 在情绪上表示理解，但在行为上要坚持对他的约束

有时候，孩子的任性行为，不可以放纵，不能同情，要坚决制止。例如：

吃饭的时候，看到桌子上没有自己喜欢吃的菜，孩子可能会很生气，拒绝吃饭。这个时候有的家长可能就会问孩子想吃什么，然后再去做。这样是不对的。家长应该明确表示饭菜已经准备好了，不能再更换，对孩子任性的行为不予理睬，让他饿一顿，等到他饿的时候，自然会吃饭。

4. 有时可以采用暂时回避的方法

有些孩子非常缠人，要求没有得到满足可能就对家长纠缠不休。有的家长可能在孩子的纠缠下就妥协了，这样是不对的。

对待这样的行为，家长可以暂时不理孩子，去忙自己的事情。孩子感到自己的哭闹对家长是没有效果的，他自然会停止。事后，家长可以和孩子进行面对面的交流，对孩子说服教育，让他说明原因，并且说明哭闹对解决问题没有帮助，从而帮助孩子改掉这些毛病。

5. 利用榜样激励孩子

孩子还小，他们的认知能力还很差，当孩子出现任性行为时，家长可以给孩子多讲电影、电视或图书故事中的典型人物的具体形象、具体情节和行为活动，鼓励他们去效仿、学习。

对孩子的说谎需要警醒

据专家统计，儿童说谎话67%是由于畏惧和怕被嘲笑引起的，10%与儿童的想象、夸张有关，20%是故意说谎。

孩子为什么说谎呢？

1. 父母不当的行为模式诱发孩子的说谎

孩子在外面打架后，如果父母直接问道："是不是他先打的你？"或者孩子不愿去幼儿园时，妈妈往往很焦急地问："是不是肚子疼？"这些带有倾向性的问话往往使小孩子为了某种理由或达到自己的目的而刺激说谎的行为发生。

2. 想象和现实混淆

由于孩子认知能力有限，大部分儿童由于爱幻想，经常把想象中的或期望的事情当做真实的内容加以表述，虽然通常并不是撒谎，但是难以把理想与现实区分清楚。对于这种情况，不能说孩子是撒谎。

3. 希望获得重视

我们发现有些孩子特别爱吹牛。其实孩子这样的行为是想引起他人的注意和重视，借此来巩固自己在同学或者是在家庭、社会上的地位。

4. 父母与孩子缺乏民主、信任与沟通

有的家长在孩子面前总是摆出高高在上的姿态，让孩子惧怕，家长与孩子又不能很好地沟通，所以孩子有的时候犯了错误害怕责罚，或者是不知道父母会怎样对待自己，就选择撒谎，这是为了保护自己。

所以，父母对于自己的言行和态度都应注意和留心，以免自己的行为方式促使孩子用谎言来为他自己辩护。家长不应该给孩子说谎的机会，要给孩子做出榜样，一旦发现孩子有这方面的行为，要及时制止，并给予分析；鼓励孩子说出真实的想法和内心感受，鼓励孩子树立自信心，让孩子认识到撒谎的严重性，并告诉他，没有必要向父母撒谎。

5. 父母的行为会潜移默化地影响孩子

父母无意识的行为也可能造成孩子说谎。当孩子不听话时或者父母想让孩子达到自己的要求，经常会做出一些承诺而不兑现。

有时，孩子打针时，父母会骗他说打针不疼。或者，孩子不听话时，父母会说你如果安静些我就给你买礼物，却不付诸实践。这些举动往往在父母的不经意间对孩子产生影响，既降低了孩子对父母的信任程度，又促使了他们撒谎行为的产生。

通过以上的分析，知道了孩子为什么会说谎，父母对于孩子每次的撒谎行为就该冷静地分析，进行有针对性的教育。

比如说，一个不满5岁的孩子，他对父母硬让他学习识字早就感到厌烦了，因此就把母亲留下的作业抛到一边，到外面尽情地玩了一通。当母亲下班回家后问他“你的作业都做完了吗”的时候，他回答说：“是。”可是，当母亲让他把作业拿过来的时候，他却慌里慌张地对母亲说：“我现在马上就去做。”这种情况在一般的孩子身上经常发生。

为什么会发生这种情况呢？当母亲第一次询问孩子的时候，他因为害怕自己没做作业会受到母亲的责骂，作为一种权宜之计，就暂时回答“是”。可是，他却没有想到母亲会让他把作业拿来检查。显然，这种情况之所以会发生，首先是因为这个孩子还不具备一定的逻辑思维能力，所以他为了逃过一次“危机”，几乎不加思索地说了谎。

因此，当孩子说了这种类型的谎话以后，父母没有必要担心“如果就此放任不管的话，他就会变成一个爱说谎的孩子”，更没有必要因此就对孩子施加更加严厉的管教。在这种时候，如果你不分青红皂白地训斥孩子，甚至对他进行惩罚，他可能会更加不安，就会编造出一些其他方面的谎话。

但是，在孩子们上学以后，如果是为了偷别人的东西或者是为了侵害他人的权益而说谎，父母就得及时纠正这种不良行为。因为孩子已经长大了，他已经有辨别是非的能力。

美国著名儿童心理学家基·诺特分析儿童说谎的原因说：“说谎是儿童因为害怕说实话会挨骂，而寻求的一个避难所。”

这话千真万确，孩子一方面被教导“不要说谎”，另一方面却又有因说实话而挨骂的经验。这种矛盾是造成孩子为自卫而说谎的主要原因。所以，我们也可以说，在通常情况下，是大人给孩子造成了不得不说谎的形势。因而，杜绝孩子说谎的最佳对策是不追究，这样消除了孩子对自己做错的事，或闯的祸会被挨骂的顾虑和惊怕，就不会再说谎；反而会反省：“当时应该据实向父母讲清楚，父母会原谅我的。”

总之，孩子说谎是时常发生的事情，要想杜绝孩子说谎，养成诚实的习惯非常必要，它要求父母耐心和热情开导，消除孩子对说实话的顾虑。当然，父母也绝不能睁一只眼，闭一只眼，对孩子说谎不闻不问，听之任之，那样又变成了放纵，孩子只会越说越厉害，甚至走上邪路。

对孩子的自私要调查原因

一位妈妈说："我很爱我的女儿，我工作那么忙，起早贪黑地为她做了许多事，可她却认为这些都是应该的，一点儿也不领情。一次，我生病了，早上她上学时明明看见了，可放学回到家，看我还躺在床上，就生气地把书包往床上一摔，冷冷地说：'还不起来做饭，懒猪！'当时，我的心都碎了。"另一位妈妈也说："别看我的孩子小，可是特别自私，全家人去饭店吃饭，他点的一盘菜，别人谁也不许动，哪怕吃不了扔了，他说那是他的。"

许多父母都有这样的感叹："这一代独生子女自私、冷漠，不关心人。"父母为孩子付出了全部的爱，可孩子给他们的爱却很少。然而，这些问题真的都是孩子的问题吗？父母们只是在责怪孩子，他们自身没有问题吗？家长们看到了孩子身上的自私，是否也该反思一下，是不是你们的"爱"造就了孩子的自私？

从诞生那天起，全家就把爱的方向对准了孩子。因为是独生子女，爸爸家妈妈家都把视线投向了孩子，使孩子感受到了各个方面的关注、关爱、呵护。所以孩子从一诞生得到的就是全方位的爱，而且是一种铺天盖地的爱。如果要画一幅图的话，这个图的箭头都是指向孩子的，他几乎被这种溺爱包裹了。在这种情况下，孩子的内心就变得自私起来了，即他只接受爱，而不付出爱，他没有机会爱别人，不懂得关心别人。他每天都是接受来自各方面的爱，无法体验爱别人。一般来说，一个人的内心要有爱，这种爱是社会的一种体验，他要真的爱别人，和别人建立联系，然后他才能产生对别人的爱。此时此刻，我们的孩子只是接受别人的爱，没有去回馈，他没有把别人对他的爱反射出去，给予别人爱，因为他没有机会。这样实际上对孩子很不利。

于是我们看到大量现象，无数的独生子女情感非常冷漠，非常自私，只考虑到自己，对别人的爱的需求也是非常贪婪的，甚至写作业的时候也得妈妈陪着，不陪着就不行。对爱的需求的贪婪，却不奉献，这是非常严重的问题。实际上一个儿童的幸福，他要得到爱，然后又要把爱给予别人，体验爱别人的快乐心情，这样的人才是幸福的人，这样的人生也是幸福的人生，这样他才能体验到活着的意义。而我们被溺爱教育出来的孩子，他没有获得这种体验，没有获得爱别人，爱这个社会、爱这个世界的这样的一种体验，所以他们的内心是冷漠的、自私的。

也许有的人会说自私是人的本性，而且孩子的这种自私自利的性格是有一个过程和阶段的。也就是说，他可能到了小学五六年级的时候就开始为别人着想，或者说到初中的时候他才能为别人着想。这是很正常的。儿童的发展开始是利己的，而随着年龄的增长就开始利他了，这是一个非常有规律的发展阶段。

可是被溺爱的孩子，当他到了能为别人着想的年龄段时，他还没有产生为别人着想的念头，还在那里自私自利。有的孩子父母年纪大了，他也不帮助父母。许多诸如精力方面、思想方面、情感方面也是这样的，发展得非常迟缓，他表现出来的就是自私自利。

专家们给了父母们如下忠告，防止孩子变得很自私。

其一，不要溺爱孩子。孩子的自私心理不是天生的，而是在后天环境中逐渐形成的。其中最重要的原因是父母对孩子的娇生惯养，把孩子视为家庭的中心，全家人围着他转，使孩子心中只有自己，只想得到别人照顾，根本想不到关心别人。

其二，对于孩子提出的要求，要有选择地对待，合理的要求要满足，不合理的不要迁就。如果父母有什么好东西，自己舍不得吃，舍不得用，都要留给孩子，这种做法很容易养成孩子的独占意识，发展下去就会演变成自私心理。

其三，要教育孩子学会关心别人，培养孩子助人为乐的精神。在日常生活中，父母要教育孩子主动问候别人，见到别人有困难有不幸要关心。孩子如果主动为别人做事，例如坐车时为老弱病残让座等，父母要及时表扬。

其四，父母要教育孩子同小朋友团结友爱，互相谦让，让孩子多参加集体的活动来培养孩子的集体意识和互相合作的习惯，从而消除孩子的自私心理。

其五，多让孩子参加家里的家务劳动，让孩子知道自己是家里的一员，有义务参加家务劳动，要共同分担家中责任。

其六，父母要言行一致，做好榜样，通过榜样的力量潜移默化地影响孩子。

对孩子的懒惰要根治其里

现在许多家长在一起谈论孩子，常常说现在的孩子越来越懒，想让孩子出去运动运动，或者让孩子买点什么，可是孩子就是不动，宁愿窝在沙发里看电视。家长们都比较困惑："这样下去怎么得了，这孩子不是废了吗?"在父母的眼里，孩子从小懒惰是个危险的信号。其实，这些不能说明孩子"懒"，可能与家长的教育方式有关系，从小没有给孩子锻炼的机会，从而导致孩子的自理能力很差，适应能力也很差。

还有，现在很多孩子都是跟着爷爷奶奶、姥姥姥爷一起生活，长辈们对孩子的溺爱，也有可能造成现在的孩子自理能力差。

一项调查显示：中国近一半孩子是跟着爷爷、奶奶、姥姥、姥爷长大的。该调查数据显示：目前，上海0~6岁的孩子中有50%~60%属于隔代教育，广州接受隔代教育的孩子占到总数的一半，北京接受隔代教育的孩子多达70%。

"隔代教育"产生的最严重的后果就是孩子的生活自理能力差。一般老年人格外疼爱孩子，对隔辈的孙儿、孙女容易溺爱和迁就。特别当孙儿、孙女是独生子女时，老人更怕孩子有所闪失，对不起儿女。所以，现在的老人事事都顺着孩子，处处保护着孩子，把孩子放在家中的核心位置。在吃的方面，孩子想吃什么，今天就做什么。生活上的事情都不用孩子自己动手，都有长辈们代为处理，如穿衣、整理书包，等等，都由爷爷奶奶、姥姥姥爷来处理，造成孩子“四体不勤，五谷不分”，独立生活能力差，处处依赖家长，一旦遇到困难或要求得不到满足时，他就会生气、大发脾气。老人的过分保护，不仅扼杀了孩子的独立生活能力和自信心，还使孩子变得极为自私，胆小娇气，弱不禁风。

李明就是这样的一个孩子，家里娇纵的不像样子。现在学生在学校都有食堂，其实在学校食堂吃饭就是一个氛围，同学们在一起有说有笑，融洽相处。可是李明说食堂的东西不能吃，必须回家吃饭。父母忙，根本不可能回家给他做饭，只能把外婆从老家请过来，专门负责做饭，弄得孩子很娇气，交际能力很差。

还有些孩子天生“懒”，不爱动，可能与孩子与生俱来的气质有关系。对待这样的孩子，家长不能责难，要循序渐进地改变。

9个月的琳琳是个人见人爱的小宝宝，父母常向友人夸琳琳乖，出生后吃奶有规律，吃饱就睡，不像其他小孩那样半夜哭闹不止。但就是不爱运动，爬起来也慢腾腾的。这天，琳琳的父母特意来到医院的儿保科做了一份儿童气质量表，结果表明琳琳的气质类型是平易型（即抚养容易型）。父母高兴地搂着琳琳亲了又亲，仿佛琳琳刚拿了一个冠军。而另一边，1岁3个月的贝贝爱哭爱闹，非常敏感，衣服不够柔软也会烦躁不安。父母头痛极了，于是也填了一份儿童气质量表，测定结果为麻烦型（即抚养困难型）。贝贝的父母于是忧心忡忡地不断问医生孩子该怎么办。

虽然孩子这种与生俱来的气质难以改变，但是处于生长发育阶段的孩子，其发展倾向与结果取决于后天的教育、培养、环境因素影响和自我锻炼等，是具有可塑性的，因此家长可以适时地引导孩子。有些家长比较心急，一看到孩子懒散就忧心忡忡，认为应赶快改变孩子，否则孩子长大了可就不得了了，但是那段时间“磨破”嘴皮子了，却没什么效果，顿时心情降到谷底，一筹莫展。其实家长不需要过分担心，生活上稍微注意些就可以了。教育应因人而异，不同孩子的气质不同，采取的教育方法就不一样，而且持之以恒、耳濡目染的教育效果比短时间的强调效果好得多。

如何才能纠正孩子懒惰的坏习惯呢？父母可从以下几点做起：

1. 从小培养孩子自主的性格和独立生活的能力

懒惰是一种不良习性，很多孩子对父母都有依赖性。当依赖性发展到一个极端就成了懒惰。由此父母要适时控制孩子对父母的依赖心理，不能任由其发展下去。

孩子自己能做的事，父母就不要包办代劳，要让孩子自己去做；作为孩子，不要一遇到困难就找父母，应该先让自己独立处理。

在学习方面也是如此。若有疑难问题，力求自己解决，不要动不动就问老师、父母。父母在此时更要磨炼孩子的意志。坚强的意志力是克服懒惰的力量。

2. 给予孩子最大的鼓励

若学习的过程很枯燥，这时又缺乏鼓励，孩子就很难持续学习的兴趣，进而变得消沉、懒散。因此鼓励是必不可少的，哪怕孩子只有一点点的进步，父母都应该不遗余力地为他加油、打气。

在孩子失败的时候，鼓励就更为重要，哪怕只是一句安慰的话，也会使他信心大增。

3. 激发孩子的兴趣

“兴趣是最好的老师”，孩子在对所做的事情不感兴趣时，做事就会没有动力，没有动力了就会产生惰性，对待任何事情都懒懒散散。

此时，父母就要从各方面激发孩子的兴趣，让事情尽量变得丰富有趣，孩子一旦有了兴趣，事情也就比较容易完成了。

4. 为孩子制订一个短期容易达到的目标

家长经常会遇到这样的情况，某个阶段孩子非常懒惰，学习成绩下降，父母就会很着急。这个时候父母可以对孩子提出一些短时间易达成、难度较小的要求，让孩子获得一定的成就感。这种成就感会促使孩子继续努力。

如此不间断地学习，当孩子可以一个个目标逐步达成之后，渐渐地也就能够改变懒惰的习惯。

5. 教导孩子正确的学习方法

学习方法正确是学习制胜的法宝，如果学习方法不正确，只能是事倍功半。如果老是这个样子去学习，孩子就会对学习失去兴趣，或者是产生惧怕的心理，时间一长，孩子就会变得懒散，没有进取心。

尤其是那些需要逻辑思考能力的科目，经常出现的现象是：公式背了，演算及练习也都没太大问题，但是遇到了稍难的题目，孩子就总是不愿动脑，或者是转不过那个弯，直接等着老师给答案。

父母应该引导孩子找到如何让学习变得更有效率的方法，例如教孩子制订切实可行的学习计划，如何合理运用时间等。一旦孩子发觉这些方式的确让学习变得更有效率，就会充满信心地持续学习下去，那么懒惰的毛病也就无所依附了。

总之，培养孩子良好的自理能力、劳动习惯，要从细节出发，在生活中鼓励孩子多参加些劳动，像家务劳动，做些力所能及的事情，例如把自己的房间收拾好、鼓励孩子吃饭前帮忙拿碗筷、饭后收拾桌子、自己的袜子自己洗，等等。通过这样的活动，慢慢地培养起孩子的劳动习惯。

但是家长得有心理准备，无论什么改变都不可能是迅速的，它需要一个过程，欲速则不达。所以，家长们不要给孩子过大的压力，要求他迅速改变懒惰的习惯，那样效果反而不好，有可能适得其反。

对孩子的浪费要及时阻止

在贫穷的时代，我们有“小小针线包，革命传家宝”的优良传统，孩子也都懂得父母所讲的节俭的道理。但是，我们今天富裕了，怎样对待孩子的物质要求，怎样培养孩子的节俭意识？孩子们理论上的认识和实践的结合就成了摆在眼前的一道难题。可以说，节俭是一种美德，无论是贫穷的年代还是富裕的年代，我们都应当崇尚节俭。从小的方面看是为了居家过日子，从大的方面看是为了人类节省资源，总之无论从哪一个角度都应该理直气壮地崇尚节俭。

过去孩子从小就受到了这种教育，要勤俭持家，节约粮食……而现在孩子这方面的教育却不是很重视，更多的是学习方面的。其实，现在的孩子更应该提倡节俭，因为无论你的家庭是否富有，勤俭持家的传统不能丢。有些父母自己很节俭，对孩子很大方，这是一种爱，却是一种极不明智的爱。

“洗了衣服的盆子里这么多水，怎么不用盆子里的水冲厕所？”

“不方便。”

“从小要节约啊！”

“又不要你出钱！”

“那该谁出钱？”

“我爸妈出钱，反正不是你出钱也不是我出钱！”

厕所里传来儿子和奶奶对话。孙先生很惊讶，回想这段时间儿子的确很潇洒，旅游在外，吃饭前会说：“爸，拿瓶饮料嘛！”“今天吃海鲜嘛！”进了超市看着那一大堆电池会说：“买个2600毫安的充电电池吧，遥控车的电池不行。”“能跑吗？”“能，太慢了。”

不知道从什么时候开始孙先生的儿子得这样“享受”起生活来。这几年来随着生活水平的提高，孙先生夫妇渐渐地大方起来，尤其是对儿子，更有一种“千金散尽还复来”的味道。平时儿子在父母家，他们总认为孩子难得在自己身边玩，就什么都满足他。孙先生也总是认为自己难得陪孩子玩，也在用物资弥补着。这样在儿子的周围，花钱“大方”便成了“爱”他的标志。

孩子从小就应该接受节俭的教育，而现在很多父母总是认为自己小的时候很苦，现在生活好了，应该给孩子一个富有的童年，所以尽管自己很节俭，对孩子却很“大方”。

当我们从肯德基、麦当劳等洋快餐店旁经过时，总能透过橱窗看到许多父母带着孩子吃麦当劳。孩子的面前摆满了饮料、薯条、鸡翅，总之一大堆孩子爱吃的东西，父母却静静地坐在那里看着孩子狼吞虎咽。这是一种爱，却是一种极不明智的爱。孩子的这些消费是必要消费吗？显然不是，不是为了填饱肚子而去的，而且这些洋快餐对孩子的身体并没有好处，反而有可能造成孩子肥胖。父母的这种爱明智吗？显然是不明智的。正是父母的这种爱造成了孩子“天下之大，为我独尊，天下之物，为我尽享”的意识，他不懂得去顾及别人的想法，不知道浪费的可耻。

或许是家长们在生活中没能身体力行，也或许平日里家长们忘却了节俭、不浪费的教育，总之我们落下了这课。这课我们一定要理直气壮地给孩子补上，告诉孩子，节俭吧，不要浪费了，节俭是一种美德！只有懂得节俭的孩子才会接受对社会负责的意识，长大后才会成为有责任心的人！

对孩子来讲，教育他们节省，主要是在不浪费东西上。而有社会责任心的父母不妨进一步教育孩子为人类节省资源。

一位母亲曾讲了这样一个故事。她在听了环保讲座后对女儿解释为什么要节约用水。“因为我们城市的地下水位低，气候又比较干燥，而用过的污水都被排到了大海，回不到地下水中，这样最终造成水源枯竭。所以我们每个人都要从自己做起，比如在淋浴时不要让水哗哗地流淌，自己去干其他事。”从那以后，她经常听见7岁的女儿向她喊：“别浪费水啦，不洗就关上。”而当她用浪费水来提醒女儿时，女儿会一缩脖子，马上行动。她忽然觉得自己变得高尚起来，女儿也长大了许多。

是的，不只是这位母亲变得节约用水了，孩子也是如此。让孩子从小接受对社会负责的意识，长大才能成为责任心的人，而有责任心的孩子是最容易接受道理的，从而避免了许多无益的纷争。

怎样才能纠正孩子奢侈浪费的不良习惯呢？专家的建议是：

1. 告诉孩子节俭是一种美德

让孩子懂得金钱是父母用辛勤的劳动和汗水换来的，尊重父母就应当爱惜父母为他所买的任何东西，而不是越新越好，越贵越好。让孩子懂得养成节俭的习惯将对他的一生都有好处。

美国的詹姆斯·杜布森博士在《孩子管理法则》一书中提出的寻找疼爱和管束之间平衡的五条原则中，有一条就是不要让孩子沉浸于物欲之中。

他指出孩子对于贵重玩具的需求，是制造商通过上百万美元的电视广告精心打造出来的。

对孩子渴望的东西，应该有一个合理的购买量，但是许多孩子被他们有害的奢侈行为所淹没，所以父母应该告诉孩子节俭是我们人类所必须的美德。

2. 让孩子明白并非想要什么就随时能够得到

其实，如果孩子想要什么，马上就能得到，有可能养成孩子奢侈的习惯，孩子就不会产生珍惜的心理。所以对待孩子，不要让他产生想要什么就能得到什么的念头，要明白什么都需要自己的努力，这样他才会珍惜。

3. 在必要和适当的时候满足孩子的要求

就像吃饭一样，饥饿的时候，吃什么都香；而饱腹的时候，即使是珍馐美味，也食之无味。因此，只有孩子产生强烈的愿望且这一愿望是非常合理的时候，父母满足孩子的要求才是必须和适当的。

美国儿童专家费尔德曼先生告诫家长们：务必教育孩子懂得如何花钱和节约用钱，这样，他们就会获得一生事业有成所必须具备的自立能力。费尔德曼先生向家长们提出了培养孩子不浪费钱、节约用钱的五条途径。这些途径也值得我们中国的家长们借鉴一下。

(1) 教孩子学会储蓄。在孩子成长过程中设一个储钱罐，鼓励他把钱存到家庭银行，并让他懂得这个银行不会把他的钱拿走而是为他保存起来，并且还会使他的钱不断地增加，或者也可以以他的名义在银行开个账号，让他保存自己的存折。这样有利于孩子养成节约储蓄的良好习惯。

(2) 给孩子的零用钱数目不要太大，且相对固定。告诉他这些零用钱该花在什么方面，怎么花。如果孩子把当月的零用钱提前花完，又来向你伸手，你不妨先问明情况，再决定给或者不给，给多少，并相应减少下个月的零用钱。这并不是父母小气，而是要培养孩子节制自己的良好办法。自然，孩子真正需要的额外开支，做父母的理应尽量满足。

(3) 切记不要用钱来作为奖励或惩罚孩子的手段。孩子做日常的家务劳动不应该给钱，否则他会错误地认为一切工作都要用钱作为报酬，以钱作为衡量的尺度。提醒他，作为家里的一员应该帮助大人干一些力所能及的事情。

(4) 不要在财务上对孩子保密。有些父母因为怕泄露出去而不愿意对孩子谈家庭的财务状况。可以在举行家庭财务会议上申明要孩子保密，否则会失去参加下次会议的资格。告诉孩子家里的财务情况，不仅使孩子了解家里每月各种各样的开支，而且可以促使他主动思索自己的需求是否恰当。

(5) 父母应把自己的工作情况告诉孩子。如果情况允许，还可以带孩子去自己的工作地点看看，让孩子知道要生活就要工作，钱是通过爸爸妈妈辛勤的工作换取的。否则，孩子不知道爸爸妈妈怎样获得家庭的收入，就不能把工作和钱联系起来。

对孩子的失礼要谆谆教导

秦女士说，她的儿子傅梓辛已经6岁了，也还算乖巧，学习一些知识也特别快，平时大家都夸奖他，家长也觉得脸上有光。但就是有一点，孩子特别不懂礼貌，不喜欢叫人，平时在家连“爸爸妈妈”都很少叫。家里来个客人或是在路上遇见熟人，要让他打招呼喊“叔叔”“阿姨”简直太难了。至于“请”“谢谢”这些字眼，他好像根本不知道。而且有好多不礼貌的行为举止：往沙发上一坐，袜子一脱，就把腿搁到茶几上；吃饭时大人还没上桌，他已经把菜翻得一塌糊涂；跟小朋友在一起玩，喜欢人家的玩具，抢了就走……

上周末，秦女士带着儿子去参加亲戚的婚宴。吃饭时，别人都还没入席，秦女士的儿子先一屁股坐在正中间；菜一上桌，也不管别人吃没吃，就伸筷子去夹；等到上龙虾这道菜时，因为是他最爱吃的，他居然把整盘菜端到自己面前，自顾自地吃起来。虽然一旁的亲戚朋友都说“没关系，小孩子嘛”，但是秦女士真的很难堪，感觉很丢脸！

秦女士很困惑这样的事情，不知道自己的儿子怎么会变成这样。其实秦女士需要让儿子明白讲礼貌会得到人们的赞许和夸奖。如果他为大人做了事，比如拿双拖鞋、倒杯水，大人当时就对他表示感谢并夸奖他：“谢谢！真懂事。”

后来，秦女士和儿子一起去买东西，她就让儿子自己礼貌地跟售货员说。这次有了很大的改善。

秦女士的儿子说："阿姨，请帮我拿一瓶可乐。"买了可乐，秦女士趁机启发他，你看这么多人买东西。为什么阿姨先给你拿？并不是因为你小，是因为你说了"请"字，阿姨听了高兴。在公交车上，秦女士又让他给老奶奶让座。事后，秦女士说："你看周围的叔叔阿姨都在看着你，那是夸你呢，还有你后头有个小弟弟也学你的样子给老爷爷让座。"

其实孩子当时做的时候，并没多大感觉，也没想那么多，可秦女士就是有意诱导孩子，让孩子逐渐在脑海中形成印象：只要你礼貌待人，就会得到别人的赞扬，这样他就会从无意识到有意识地注意礼貌。

类似的事情在郑女士身上也发生了。

郑女士的儿子波波今年 8 岁，成绩挺好，平时大家都夸奖他，郑女士也觉得脸上很有光。因为就这一个孩子，又学习好，做父母的肯定宁肯委屈自己，不会委屈孩子，从小家里"最大最红的苹果"都是他的。虽然郑女士有时候也觉得孩子没礼貌，比如乘电梯经常横冲直撞，不会说"谢谢"，见人不会主动打招呼，等等。郑女士不过又觉得这些都是小事，而且男孩子嘛，大大咧咧点没关系。

前几天，郑女士夫妇带孩子参加一个晚宴，才发现儿子站没站相，坐没坐相！别人还没入席，他先一屁股坐到正中位，旁若无人地吆喝服务生要可乐，菜一上桌就伸筷子去夹，把桌子上自己平时爱吃的菜都放到自己的桌边，旁若无人，像在家里一样。虽然大家没说什么，但是郑女士能感受到周围异样的目光，很瞧不起自己的感觉。郑女士真是如坐针毡，感觉难堪得要命。

由以上的事例可以看出，如果父母不肯“委屈”孩子，那么孩子就会让父母受委屈。中国有句古话：“养不教，父之过。”案例中的儿子不讲礼貌的原因其实是父母没有教他礼貌待人。

人的成长是一个学习的过程。这两个孩子在宴会上发生的事情，正是家长进行补偿教育的好时机。家长首先要改变“学习好则百好”的观念和“什么事都由着他”的教育态度。一个凡事以自我为中心、做任何事情不考虑他人、不考虑后果的孩子，在社会上很难立足。

在观念改变的基础上，家长要以正确的方法给孩子补上礼貌教育这一课。

父母作为孩子的第一任教师，有着责无旁贷的教育责任。孩子呱呱坠地后，他的人生就是一张白纸，如何走好每一步，需要父母精心策划和引导。但中国父母多数关注的只是孩子的健康和成绩，尤其是成绩，对于那些友好待人、关心他人、自己的事自己做、见到他人主动打招呼、见到长辈主动问好等基本的礼貌问题，没有作为孩子教育问题的主要项目。有时候孩子犯了类似的错误，家长们也没有引起高度重视。

由此可见，在这一问题上，孩子是无辜的，父母没有尽到自己的教育职责。对于道德教育，家长没有认识上去，在这方面家长们不但自己要做到，而且要反复教育、教导孩子熟记于心，因为孩子是看着父母的背影长大的。同时，作为父母还要教育孩子学会明辨是非，分清对错，不能信奉“树大自然直”的古训，因为那其实是一件错误的事情，也是一种失职和逃避。

大人的对孩子影响特别重要，孩子的模仿能力很强，有不少不

礼貌的行为都是从大人那儿学来的，

比如家长们说话爱带脏字，孩子就学会了；家长爱把腿跷到桌子上，孩子就效仿。

要纠正孩子这些毛病，大人就得做出好的榜样。生活中也要明确告诉孩子，哪些事情能做，哪些事情不能做，不能总把眼睛盯着孩子的学习，应该认识到孩子除了学习文化知识，还有很多需要学习的，应该认识到培养孩子的礼貌修养也很重要。加强孩子热爱他人，尊敬师长，团结同学，对人有礼貌，有责任感，不歧视弱势群体的教育。家长要引导孩子明辨是非，爱憎分明，见到长辈、老师主动问好，把关心他人当做每一个社会人的责任和美德。

除了家庭、家长之外，人的成长和发展离不开社会的熏陶和影响，特别是对于年龄小、涉世未深的孩子影响更大，作为每一个公民都应该承担起教育、引导孩子成人的责任。孩子是看着成人的一举一动长大的，大人的举止无时无刻不在影响着孩子，只要我们举止文明、讲究公德、关心他人、爱护公物，孩子也会变得有修养。全社会联起手来，为了孩子的未来让我们共同担当，把教育孩子当做一件重要的大事，尽其所能，从自身做起。

所以，合格的家长要懂得：教育孩子的时候，尤其是涉及道德观、世界观、价值观等观念问题的时候，给予孩子的信息一定要正确。特别是第一次给孩子输入信息的时候，不能出尔反尔、前后矛盾，尤其是不能言行不一。

对孩子的骄傲不可助长

与自卑的孩子相反，骄傲的孩子常常表现为过于自信，对自己估计过高，对同伴估计过低，看不起别人，认为自己什么都比别人强。这样的孩子往往虚荣心较强，只爱听表扬、夸奖的话，不能挨批评，不接受别人意见。

陈毅元帅曾有一首诗："九牛一毫莫自夸，骄傲自满必翻车。历览古今多少事，成由谦逊败由奢。"

这首富有哲理的诗告诉我们谦虚和骄傲所造成的不同结果。

在现在的家庭当中，由于多数家庭只有一个孩子，家长的言行、家庭环境都对孩子的脾性产生影响。那么，什么样的家庭会让孩子更容易产生骄傲情绪呢？

1. 家长自身条件好

父母对孩子的脾气、秉性有很大的影响，有些父母自身条件比较优越，总是表现出一副洋洋得意、目中无人的神态，经常流露出对他人的不屑，给人以高高在上的感觉。

例如，他们可能经常在孩子面前谈论公事，说某个同事的缺点，说某某人不如自己等等类似的话。孩子听到后，通常会模仿父母的言行，经常去挑剔别人，只看到别人的缺点，看不到别人的优点；只会嘲笑别人，不会赞赏别人。

2. 孩子生活条件比较好

有些孩子的家庭条件比较优越，这种优越的家庭环境容易让孩子滋生较强的虚荣心，使得孩子比较看重物质和金钱，愿意炫耀自己的物质财富，看不起贫穷的人，有非常强烈的优越感。

3. 大人过多的夸奖

大人经常当着孩子的面夸奖孩子，会让孩子感觉到别人都不如自己，助长孩子的骄傲的情绪。孩子会认为我很棒，别人不如自己；孩子可能会看不起别人，会嘲笑别的孩子。

骄傲的孩子虽然能够取得一定的成绩，但是往往没有远大的理想和志向，而只是满足于眼前所取得的成绩。而且，他们只能看到自己的长处和成绩，看不到别人的，只会“坐井观天”。

而且，骄傲的孩子很难和同学们友好地相处，因为他们不能做到平等相待，总是认为自己和别人不一样，什么都比别人强，总是高高在上的感觉，这样就不能和同学和平相处。并且，骄傲的孩子情绪也不是很稳定，会有些怪异的脾气，当别人质疑他的时候，会很恼怒；如果别人不理他时，他又感觉很孤独、沮丧；如果遇到挫折，遭遇失败，经常会很悲观，愿意走极端，产生自卑的心理。

所以，家长一定要认识到骄傲的危害，切勿让骄傲支配了孩子。由于骄傲，孩子会在应该同意的场合固执起来；由于骄傲，孩子会拒绝有益的劝告和友好的帮助；而且由于骄傲，孩子会失掉了客观的标准。盲目骄傲自大的人就像井底之蛙，目中无人，自以为是，严重阻碍了自己继续前进的步伐。

家长要告诫孩子的是：任何成绩都是阶段性的、局部的，只是一个起点。在学习上，知识是无边的海洋，一时的成绩，只是冰山一角，如果这个时候就忘乎所以了，那就说明眼界不够宽，胸怀不够大。“谦收益，满招损”，父母有意识地给孩子介绍一些成功者的经验，告诉他们古今中外凡是有所作为的人都是在取得成绩后仍能保持谦虚奋进的人。

如果孩子出现了骄傲的情绪，家长一定不可以助长孩子的骄傲的习气，该怎么做呢？

1. 正确看待自己

孩子出现了骄傲的情绪往往是过高估计了自己，认为自己比谁都强，只能看到自己的长处，看不到自己的短处。因此，他们往往狂妄自大，以自我为中心，想干什么就干什么。所以父母就要教育孩子，当自己取得了一定的成绩时，这确实是自己努力的结果，但是不要忘记这里也包含着家长的培养、老师的教诲、同学的帮忙、环境的助力。切记不要以己之长与别人之短相比较，那样比较的结果，无外乎是沾沾自喜，自以为自己什么地方都比别人强，因而看不起别人。只有全面的、客观的、历史的比较才能做到取人之长补己之短。要知道山外青山楼外楼，强中更有强中手的道理。另外，家长还得告诉孩子在交友中应该怎样做和不应该怎样做，并加以训练和引导，以养成良好的行为习惯。

2. 培养谦虚美德

人们在评论自己时往往会出现偏差，原因在于“不识庐山真面目，只缘身在此山中”。若能经常听到别人的意见和建议，定能不断充实和完善自己。

六年级学生刘强是个能说会道的孩子，平时骄傲自满，喜欢和别人斗嘴。在社区活动中，他和小队进入社区，做了一名社区服务员，陪社区的老爷爷们聊天。“我原来以为自己知道的比谁都多，无论谁和我在一起，我都有话说。可当我走进社区活动站和老爷爷们聊天时，我却变得听的时候多，张嘴的机会少了。这时我才真正知道，原来我看到、听到的知识还很少，与那些老人比起来，我就是个什么也不懂的小孩子，看来我要学的东西太多了。”

3. 表扬孩子要适当

有些家长望子成龙，孩子稍微进步就欣喜若狂，赞不绝口，久而久之，必然助长孩子的自满情绪。正确的做法是，在表扬孩子的时候，要高度重视感情的作用，尽量做到适度。有的时候一个微笑也会起到表扬、赞美之意。并且，父母要尽量不要在外人面前夸奖孩子，因为小孩子的自我评价能力还很差，看到那么多人肯定自己，会产生错误的认识，认为自己真的非常优秀，从而产生骄傲自大的情绪。

4. 为孩子树立榜样

榜样的力量是无穷的，父母是孩子的第一任老师，是孩子学习的最直接的榜样，父母们对孩子的示范作用是非常大的。父母应该成为孩子高尚人格的榜样，要谦虚友善，不要在孩子面前表现出骄傲自大的情绪，以免孩子受到这种不良情绪的影响。

5. 对骄傲的孩子进行受挫折训练

让骄傲的孩子尝试失败的教训，这是对他们最实际的磨炼。

总之，针对孩子骄傲，家长不可以助长，孩子正处在人生的起点，他们是将来的创造者，孩子的品德教育对个人、家庭乃至社会都有着深远的意义，家长作为孩子的第一任教师有着不可推卸的责任。

下篇

为人父母，做好孩子的榜样

作为孩子的第一任教师，作为孩子效仿的榜样，家长的示范作用是全方位、立体化的。具体说来，家长应该成为孩子高尚精神的榜样，崇高人格的榜样，多种能力的榜样，健康生活方式的榜样。

第九章　用心与孩子沟通

多项研究表明，家庭教育是一切教育的基础。所有的教育都是建立在教育者与被教育者之间充分沟通的基础之上的，家庭教育尤其如此。

但是，目前很多父母与孩子之间缺乏应有的沟通，父母没有真正了解孩子在想什么。

其实，沟通的愿望大家都有，但成功的沟通并不是容易的事情。首先要选择话题，无论是与孩子谈信仰，还是谈交友、谈学业、谈上网的好处与坏处，都必须针对孩子的需要。若非有的放矢，效果往往不好。

沟通时要讲究方法和艺术。与孩子沟通时，家长必须放下架子、尊重孩子，在人格上与孩子平等。沟通时家长要有耐心，不要急于求成，更不要“暴力胁迫”所谈的话题。

父母主动向孩子敞开心扉

家庭教育专家指出，父母只有向孩子敞开自己的心扉，才能得到孩子的认同，从而促进亲子关系的发展。

但是，中国的父母一般很少向孩子透露自己的内心世界，却希望孩子向自己袒露一切。这种不平等的关系往往成为亲子沟通的一道屏障。

事实上，父母向孩子敞开心扉，表现了对孩子的尊重和依赖。世界上没有十全十美的人。在孩子面前，父母以一种轻松的方式展现自己的不完美，承认自己的错误，不仅让孩子觉得你更亲近，并且能够加深孩子和父母之间的感情，让父母和孩子之间更能坦然面对。父母把一种放松、无芥蒂的处事方式传达给孩子，让孩子轻松面对人生。

当孩子问父母“你为什么不高兴啊？是不是工作上有了麻烦”的时候，父母就应该认真地考虑一下，是否应该与孩子谈一谈，谈多少，怎么谈。如果搪塞地说：“没什么，很好。”或“不关你的事，去玩你的吧！”那就等于将孩子对父母的关心推开。

那么孩子从父母那里得到的信息就是：不管父母怎么样都不关我的事，长久下去，孩子就不再关心父母的事情，同时也关闭了孩子和父母的沟通渠道。

王强失业了，可是他碍于面子，没有和家里人说。为了避免家里人怀疑，他仍然每天按时离开家，在外面逛一天，晚上再按时回家。

有一天，王强回家后，儿子笑笑悄悄地问爸爸：“爸爸，你最近是不是不上班了啊?"爸爸心想:笑笑才4岁,怎么会知道这件事情呢?但是他随口说道:"没有的事,爸爸不是每天都按时出门吗?"笑笑走开了,可是情绪突然变得很低落,好几天都不和爸爸说话。

爸爸很纳闷,后来才从幼儿园老师那里得知,那天幼儿园组织孩子去公园游玩,孩子发现爸爸在那里闲逛。

王强很后悔没有向孩子说明实情,欺骗了孩子。晚上儿子回家后,他主动向孩子道歉,将自己的实际情况告诉了孩子。孩子很理解爸爸,说相信爸爸会很快找到工作的。爸爸没有想到年纪小小的孩子会这么懂事,对自己以前的做法感到很羞愧。

父母和孩子之间的血缘关系,被认为是世界上最亲密的关系,本就应该分享彼此的喜怒哀乐。但是,父母出于权威和尊严的考虑,通常不轻易向孩子敞开心扉。父母要改变固有的观念,主动向孩子敞开心扉,将自己的为人处事的态度和经验,都传达给孩子,给孩子一个正确的人生指导。这是对孩子的信赖和尊重。同时孩子也会觉得自己和父母关系融洽,受到父母的重视,从而加深对父母的感情。

当父母遇到类似于上面事例的情况的时候,父母应该考虑的不是怎样掩盖,而是怎么样将情况和孩子谈一谈。其实,这个时候你应该感到高兴,因为孩子对你很关心。如果能和孩子好好谈一谈,不仅自己的烦恼会减少,让孩子有种被尊重和信任的感觉,同时也能收获:孩子遇到困扰的时候也会主动向你倾诉。

所以,父母只有向孩子敞开心扉,才能让孩子了解自己,进而得到孩子的认可和尊重,促进父母和孩子关系的良性发展。

很多父母是很纠结的,出于对尊严的考虑很难跨出这一步,那么作为父母,如何才能向孩子敞开自己的心扉呢?

1. 和孩子分享你的喜怒哀乐

一位哲人说得好：快乐让别人来分享，就多一份快乐；把忧伤告诉给愿意为你分担的人，就减少一半忧伤。

父母和孩子之间是世界上最亲密的关系，父母把自己的喜、怒、哀、乐和孩子分享，孩子才会把父母当做朋友。父母向孩子敞开心扉说出你的快乐事、伤心事、那么孩子就会把你当做朋友，和你分享他的喜、怒、哀、乐，向你敞开他的心灵，这样就会加深孩子对父母的感情，还能增强教育的效果。

最近，刘颖的爸爸所在的工厂效益不好，他下岗了，心里很苦闷。他和刘颖的妈妈已经离婚了，自己带着刘颖，想给刘颖提供更好的生活，但是现在出现了很多困难。

晚饭后，爸爸主动向女儿说明了自己的情况。刘颖听懂了爸爸的话，还安慰爸爸说，自己以后会好好听爸爸的话，不再惹爸爸生气了。并且说每天放学后，都会主动帮爸爸做家务，还帮着爸爸做饭。

看到这么懂事的女儿，爸爸感觉很骄傲。

2. 对待孩子要真诚

父母在和孩子的沟通过程中，要保持真诚。父母要客观真实地了解自己的想法、感受以及对生活的规划，并且要真诚地向孩子表达自己的思想和感受。比如，自己的工作遇到困难时，可以征求孩子的意见。

孩子会在父母的真诚中获得良好的情感体验，从而加深和父母之间的关系；同时也会主动地将自己的真实想法告诉父母，有利于父母及时发现孩子的问题，提供适时的帮助。

菲菲今年上初二，虽然处在叛逆期，但是她很懂事，和妈妈的关系也很好。妈妈经常会把自己工作、生活中开心或不开心的事情告诉孩子，并且态度很真诚。

这次，妈妈想要申请到离家较远的一家公司工作，便征求菲菲的意见。妈妈坐下来和菲菲温和地沟通后，菲菲说尊重妈妈的意见，还和妈妈说，不要考虑她的问题，她还有爸爸的照顾，自己也会好好照顾自己。这样，妈妈对孩子的真诚，也换得了孩子的理解。

3. 让孩子了解你的工作状况

父母应该将自己的工作情况告诉孩子，这样孩子才能理解父母的辛苦。现在许多年轻父母的确很忙，但即使再忙，也要多花点儿时间陪孩子，像成人之间对话一样，多跟孩子进行沟通，跟孩子说说工作的事情、谈谈工作时的感受等等，让孩子了解父母的工作，知道父母是如何辛勤工作给家里赚钱的。孩子就会懂得节约，不随意浪费金钱和物品。

孩子们到了上小学的年龄，父母就可以把自己如何靠努力工作来谋生、如何创造属于自己的事业的道理讲给孩子听了。孩子会将金钱和父母的辛苦工作联系起来，自觉改掉花钱大手大脚的坏习惯，更加体贴父母，也会以优异的成绩报答父母。

李静乙的爸爸妈妈都是普通的工人，最近又买了房子，生活压力很大。可是李静乙却总是向爸爸妈妈要这要那。爸爸妈妈觉得孩子小，就缩衣节食地省钱，尽量满足孩子的要求。

可是孩子越来越过分。刚上五年级的她，就问父母要钱买手机，还是高档的。妈妈觉得有必要将自己的工作情况告诉孩子，就向她描述自己的工作细节，让孩子知道自己工作的不容易，并且还将自己的工资以及家里的开支情况都和孩子说了。

孩子听了妈妈的话，觉得自己的要求很无理，从那之后，再也没有提出过类似的要求，还主动承担起了部分家务。

4. 选择适当的时机还能起到教育作用

“孩子，让我们来谈谈！”如果你的谈话是这样开始的，往往说话的只有你一个人。所以和孩子沟通，需要掌握一定的技巧。父母要选择适当的时间和地点，向孩子敞开心扉，这样才会收到更加理想的教育效果，比如可以在和孩子一起游戏时与孩子沟通，或者在孩子问你问题的时候。让孩子在父母的倾诉中，学到自己所欠缺的优秀品质和处理问题的方法。

张强很喜欢打篮球，但是他为了打篮球，顾不上做家庭作业，这让妈妈很头疼。张强的爸爸也很喜欢打篮球。一个周末，父子俩一起去打篮球，玩得很开心。

回家的路上，爸爸将自己小时候如何喜欢上打篮球，奶奶如何阻拦，自己又是如何保证不耽误学习的事情，都告诉了张强。听了爸爸的心里话，张强意识到爱好和学习是不能冲突的，他决心该学习的时候就好好学习，不能因为打篮球而耽误了学习。

总之，父母与孩子沟通一定要讲艺术，只有敞开自己的心扉，才能引起孩子感情上的共鸣，从而与孩子建立起一种相互信任的关系，使父母和孩子的关系融洽。

放下家长的架子

在中国传统思想的影响下，父母与孩子是管理与被管理、命令与服从的关系，父母对于孩子来说总是高高在上的。而这样的关系，也让家长很挠头，因为他们放不下架子，导致孩子和自己的关系非常紧张。父母一方面想要改善和孩子的紧张关系，希望孩子能像朋友一样向自己畅谈心事；另一方面又都有家长意志，习惯于用命令的口吻来管理孩子。很多成年人连蹲下跟孩子说话都不能做到，训斥孩子时，从不去观察孩子的神情多么的悲伤和纠结，更甭说视孩子为独立人格的人了。所以，平等、易位思考、聆听、克服过度的自尊心，这都是中国父母需要迈过的坎。

日本教育学家铃木镇一说：“孩子是一个独立的生命个体，他渴望与尊重、理解自己的人做朋友。父母是孩子第一个交往的人，如果他们能放下自己权威的架子，那么良好的亲子关系自然就会建立起来。”

婷婷是个六年级的小女孩，她与父母的关系相处得不太好，有什么事情也不愿意告诉父母。

有一次期中考试，婷婷没有取得理想的成绩，心情特别沮丧。她知道父母一定会责怪自己，于是回到家后便一个人打开电视来看。妈妈敏锐地觉察到孩子的不正常情绪，猜到可能是因为考试不理想。

于是，她走到客厅把电视关了，开始对孩子进行批评教育。面对妈妈无端的责问，婷婷气愤地说：“我就是故意不考好的。”妈妈听了孩子的话后更加生气，她质问女儿：“为什么要处处与我们对着干？”

婷婷说：“学习是我自己的事情，与你们无关。”她还告诉妈妈：“不要在我面前摆架子，未成年人受着法律保护呢。”妈妈也非常苦恼，其实她只是想了解孩子，以便更好地关心她而已，并无真正责怪她考得不好的意思。

在许多父母眼里，孩子是家长的私有物品，让他往东就往东，让他往西就往西。可是孩子不是机器，他们有自己的思维和想法，他们也是一个平等、独立的个体，他们需要得到尊重与理解。父母应该放下管理者与命令者的权威架子，以一种平等的姿态与孩子交朋友。

父母如果能与孩子建立起一种亲密无间的友谊关系，那么孩子有什么事情都会迫不及待地想要告诉自己的父母，面临选择时第一个想到的也是参考父母的意见。因为在朋友那里，他的一切权利和想法都能被理解，都不会被认为是孩子气。

那么父母应该怎样做才能放下架子呢？

1. 把孩子当成朋友，平等对待

朋友就像冬天里的火炉，夏天里的凉风，任何人都需要友谊的关爱。父母是孩子第一个接触的人，更应该把孩子当成自己的朋友，给他们平等、自由和尊重。

12 岁的乐乐读六年级。他是个乐观开朗的男孩，平时也很乐于助人，在班里与同学相处融洽，学习成绩也非常好。

这一切都与乐乐父母用心的教育有关。乐乐的父母总是把孩子当成朋友一样对待，有什么事情都与孩子商量，从来不强行命令和干涉孩子的生活。当亲子之间发生矛盾时，他们都坚持以理服人，绝不以家长的权威来压制孩子。

父母应该放下自己的架子，把孩子当成朋友对待。当父母与孩子对同一件事情的看法或者处理发生矛盾时，应该坚持以理服人，而不要以父母的权威来压制孩子。

约翰带着两个孩子去观看橄榄球比赛。约翰是个老球迷，他来到柜台前，对售票员问道："今天的门票有什么变化吗？"

售票员说："您好，约翰先生。没有什么变化，还是和以前一样，成人 30 美元，7 岁以下的孩子免费，7 岁和 7 岁以上的孩子 20 美元。您的两个孩子多大了？"

约翰回答道："小的 4 岁，大的 7 岁，加上我，总共 50 美元。"说着掏出了钱。

售票员接过钱，对约翰先生说："先生，其实您只要告诉我你的大孩子今年 6 岁，没到 7 岁，就可以省下 20 美元的。"

约翰回头看了看两个孩子，微笑着对售票员说："谢谢你的好意。可是我必须让孩子知道他们已经不是小孩子，已经长大了。来，孩子，告诉阿姨你今年多大了？”

“我今天的真实年龄是7岁零50天，我应该买票。”孩子以响亮的声音回答售票员。爸爸和售票员看着稚气的孩子，都笑了。

约翰的做法，不仅表达了对孩子的尊重，还以实际行动让孩子意识到“我已经长大”了，体现了父亲平等对待孩子的思想，这是很可贵的。中国由于几千年的封建制度，形成了严格的等级观念，这种等级观念渗透到生活的方方面面，包括父母对孩子的教育。在这种观念的影响下，很多父母认为自己拥有至高权威，可以对孩子颐指气使，指挥孩子按照自己的意愿做事。

这样的教育态度，非但不会获得孩子的认可，还会激发孩子的逆反心理。父母应该放下架子，与孩子平等相处。只有这样，孩子才愿意向父母吐露自己的心声，从和父母对着干变为愉快合作，良好的亲子关系也会随之形成。

2. 把孩子当做独立的人看待

在家庭生活中，孩子的心思通常比父母还要细腻、敏感。孩子能敏锐地感受到家中的变化，孩子的承受能力也没有父母想象得那么脆弱。

把孩子当做独立的人平等看待，很多父母都理解和接受，却很难做到，因为父母通常把孩子想象得很柔弱。父母要相信孩子的能力，理解并许可孩子保持自己的价值观和生活方式，主动将自己的情况告诉孩子，获得孩子的信赖。

一个美国妈妈患了绝症，自知活不了多少日子。她担心8岁的孩子无法接受这个事实，于是和丈夫决定瞒着孩子，宁愿自己承受巨大的心理压力。

最终，她决定将这件事情告诉孩子，让孩子直面这个残酷的事实。她鼓足勇气，对孩子说：“孩子，我得告诉你一件事……”没想到妈妈刚说了这句话，孩子就抱着她说：“妈妈，我不想你这么快死掉。但是你放心，你走后我仍会好好生活下去。”母子俩抱头痛哭。原来孩子早已知道了事实真相。

孩子还拿出了一个黑色的小盒子，里面写着一张纸条：“妈妈，我爱你。”孩子对妈妈说，这是他要放在妈妈灵柩里的礼物。妈妈激动地搂着孩子说：“孩子，你已经是男子汉了。妈妈也爱你。”

3. 倾听孩子的心声

人们有委屈的时候都希望告诉自己的朋友，当然前提就是朋友愿意认真地倾听自己的苦恼，并积极为他们出主意。

父母要与孩子做朋友，就要学会倾听孩子的心声。例如当孩子在学校遇到不开心的事情，向父母倾诉的时候，父母应该做个认真的倾听者。孩子情绪激动失控时不要对他们过激的言论品头论足，而应该让他们尽情地发泄，等事后再对他们进行指导。

4. 多鼓励孩子

朋友有个最重要的作用就是当对方失意时能够给予鼓励，而不是陪同朋友一样失意或者在朋友失意的时候说风凉话。这也是区分良友与坏友的标准之一。

父母应该做孩子的良师益友。当孩子考试失利时，父母应该鼓励孩子越过眼前的一次失败，把眼光放得更远一些，鼓励他们重新扬起风帆，继续努力。

5. 让孩子拥有家庭大事的知情权

孩子除了对家庭基本的家务劳动感兴趣外，还会对家庭的大事感兴趣。他们会主动地打听父母的事，在父母说话时插嘴，渴望平等地参与到大人的讨论中去，并表达自己的想法。如果自己的意见得到采纳，会形成孩子良好的成就感。

肖晓的父母最近打算买套新房子，可是房价很高，每个月都要偿还一笔贷款。妈妈把这件事告诉了肖晓，并让她以后要学着节约，不要乱花钱，爸妈以后恐怕不会再买很多好看的衣服和玩具给她了。

肖晓觉得妈妈将她看做了“小大人”，感受到父母对她的尊重，就表示理解和支持妈妈，还跑到卧室里拿出自己的储钱罐交给妈妈，让妈妈去还钱。妈妈看到孩子这么懂事，觉得很欣慰。

在以后的日子里，肖晓自觉地节省花钱，还主动帮助妈妈做家务，从不要求妈妈为她买什么昂贵的东西。

6. 走进孩子的精神生活

父母们每天与孩子生活在同一个屋檐下，但是生活在同一个屋子里也不一定真正走进了孩子的生活。许多父母只关心孩子的学习生活，并没有关心他们的精神生活。

父母不应该过于关注孩子的学习，更应该像朋友一样关心孩子的精神生活，例如放学后接到孩子时问问孩子在学校过得开心不开心，不要每天询问他的学习成绩。

崔旭今年10岁。他是家里唯一的孩子，父母对他疼爱有加，但是他却很反感与父母在一起。

妈妈每天去学校接到他的第一句话就是：“孩子，今天学得怎么样？”崔旭一般听到这句话后，头也不回地向前头。有一次，妈妈对孩子冷漠的态度非常生气，她质问孩子：“我这样关心你爱你，为什么你却这样冷漠？”没想到崔旭这样说：“你了解我吗？除了我的学习，你还关心过我什么？你问过我过得开心吗？”

著名文学家鲁迅先生认为，孩子最需要父母三方面的重视：“给我理解”“视我平等”“让我自立”。这一观点在现代社会的教育理念中，仍然具有积极的意义。孩子渴望父母用平等的态度来对待他们，父母要学会尊重孩子，平等地对待孩子，放下家长的架子。

站在孩子的角度看问题

一位母亲在圣诞节带着5岁的儿子去买礼物。大街上回响着圣诞赞歌，橱窗里装饰着彩灯，乔装可爱的小精灵载歌载舞，商店里五光十色的玩具应有尽有。

“一个5岁的男孩以多么兴奋的目光观赏这绚丽的世界啊！”母亲毫不怀疑地想。然而她绝对没有想到，儿子却紧拽着她的大衣衣角，呜呜地哭出声来。

“怎么了？宝贝，要是总哭个没完，圣诞精灵可就不到咱们这儿来啦！”

“我……我的鞋带开了……”

母亲不得不在人行道上蹲下身来，为儿子系好鞋带。母亲无意中抬起头来，啊，怎么什么都没有？——没有绚丽的彩灯，没有迷人的橱窗，没有圣诞礼物，也没有装饰丰富的餐桌……原来这些东西都太高了，孩子什么也看不见。落在他眼里的只是一双双粗大的脚和妇人们低低的裙摆，在那里互相摩擦、碰撞，过来往去……

真是好可怕的情景！这位母亲第一次从5岁儿子目光中的高度眺望世界。她感到非常震惊，立即起身把儿子抱了起来……

从此这位母亲牢记，再也不要把自己认为的“快乐”强加给儿子。“站在孩子的立场上看待问题”，母亲通过自己亲身的体会认识到了这一点。

站在不同的位置会看到不同的风景，出于不同的立场会产生不同的观念。父母应该学会换位思考的方法和技巧，当孩子遇到问题的时候，能够迅速以孩子的位置和角度来看待问题、分析问题，才能有效地解决问题。不仅如此，站在孩子的角度看问题，还是一种了解孩子真实想法，快速拉近和孩子心灵距离的有效方法。

但是，怎样做才是站在孩子的角度看问题呢？家长要全面了解自己的孩子，平等对待、尊重孩子，要学会从孩子的角度思考问题、解决问题，不断提高自己的水平。

虽然家教无定规，但纵观古今，成功的家庭教育都有一条共同的经验，那就是家长应尽可能地与孩子平等交流。有效的沟通和交流是科学的家庭教育的基础和前提，要做到平等交流、有效沟通，从孩子的角度考虑问题是十分重要并且也十分有效的。它会使家长在解决孩子成长中出现的问题时，思路客观、方法得当，不出或少出偏差，使孩子少受冤枉、少受委屈，进而促进家长与孩子之间的无障碍交流。

有的父母对待孩子，总是以上级对待下级的态度，过分强调自己的意见和尊严，却忽略了孩子的想法。父母这样做，不仅不会得到孩子的认同，还会破坏父母在孩子心目中的形象。

有很多父母总是抱怨无法和孩子进行有效的沟通，孩子有问题的时候也不告诉自己。对于这类问题，家长都很恼火，而这里的主要原因其实是在家长，在日常生活中家长考虑问题解决问题从来都不是站在孩子的角度，从来都是按照自己的意愿去做，从而和孩子产生了隔阂。

我们要知道，很多东西，在孩子的眼里和在父母的眼里是不同的，父母不能以成人世界的规则去要求孩子，而要将自己置于孩子的立场，肯定孩子的想法。比如，孩子拆开了收音机，父母要考虑孩子当时的想法，宽容地对待孩子的好奇心，不要单纯地训斥或责骂孩子。

如果父母站在成人的角度上，对于孩子的决定、选择，都持怀疑或否定的态度，这样容易使孩子产生自卑情绪和挫败感，造成父母和孩子的关系的疏离。

父母和孩子之间不是主仆关系，而应该是关心和尊重的关系。父母只有站在孩子的角度看待问题，以孩子的眼光审视出现的问题，才会赢得孩子的信赖，实现成功的亲子沟通和交流。具体方法如下：

1. 全面认识，了解孩子

父母与孩子有着不可磨灭的血缘关系，是最亲近的人，孩子对于父母来说也是家庭中最重要的角色。而父母想要与孩子和谐相处，相互信任，做父母的必须全面认识和了解孩子，而要做到这一点，沟通是必要的。

作为父母，不能总是高高在上，以“绝对权威”的姿态维护家长的尊严。要尽可能抽出更多的时间同孩子交朋友、谈心。谈心是与孩子最直接的沟通方式。父母在同孩子一起游戏、看电视、吃饭的时候，可以问一问班级里、学校里发生了什么有趣的事，同学间的关系有什么变化，同学家里发生了什么事，班里谁学习进步快，哪个同学有了什么突出表现等，更重要的还要聊聊孩子最感兴趣的话题。谈话聊天时，家长还要善于聆听孩子的叙述，了解孩子的观点。当您觉得孩子的观点、做法是正确的时候，要加以表扬，鼓励孩子大胆地做下去。反之，对于孩子认识上的误区，要加以分析，引导、帮助他认识清楚。不要把观点强加给孩子，更不要训斥、打骂孩子。

为了更全面地认识和了解孩子，除了同孩子谈心交流外，还要经常接触孩子的同学、家长，从侧面了解孩子在校的表现。

2. 保持和孩子之间的相互信任

美美放学后和几个同学在外吃饭，因此回家晚了，妈妈却怀疑她谈恋爱了。美美回到家后，妈妈就开始唠叨她。美美向妈妈解释说是和女生在一起，并且手机没电了，才没法通知妈妈。妈妈却依然不依不饶，让她交代和谁一起吃饭了。美美觉得妈妈一点儿也不信任自己，母女间的关系出现了“裂痕”。

美美妈妈对孩子的判断太过武断，对孩子不够了解，也不够信任。妈妈如果能站在孩子的角度，去思考这件事情，就不会出现这样的尴尬局面了。

所以，父母和孩子之间要相互信任，相互理解，这样才能促使孩子和父母之间和谐相处。如果彼此缺乏信任和理解，会使父母和孩子的关系相互抵触，直接影响家庭教育的效果。合格的父母必须信任孩子，懂得站在孩子的角度，和孩子共同面对和解决问题，这样才能建立和谐温馨的家庭氛围。

3. 放弃对孩子的成见

思琪的妈妈对她要求严格，常对她的行为加以指责，可是却忽略了思琪只是个小学一年级的孩子。别的妈妈都会耐心告诉孩子，遇到什么样的情况要怎么做，但是思琪的妈妈却觉得孩子应该自己都知道。

学校组织亲子活动，要求每位妈妈配合孩子完成一些游戏。可是思琪的妈妈不仅不配合，还挖苦孩子太笨了，连这点小事都做不好。平时，一旦孩子没有做好什么事儿，或者没有达到妈妈的期望，妈妈就会批评她。久而久之，思琪变得沉默寡言，很不自信。

父母和孩子的思维方式、生活方式、处理问题的方式都有所不同，所以父母不要总是以成人的眼光看待孩子的问题，要放弃对孩子的成见，不以自己的要求来对待孩子，而应从孩子的实际情况出发，对孩子进行教育。

放弃对孩子的成见，设身处地地站在孩子的角度考虑问题，父母才能更加深入地了解孩子，对孩子的教育也会更加轻松。

同样，放弃对孩子的成见，尊重孩子也是家长换位思考、处理父母和孩子的关系的核心。父母与孩子平等相待，可以使孩子学到以温和的态度对待他人，加速心理的成长。当父母以平等、尊重的姿态与孩子交流时，为孩子创造了一个广阔的了解成人、了解社会的窗口。交流中，孩子也会向父母探究成人的内心世界，如家庭的经济状况、生活状态、父母的工作情况、志向等。这使孩子能够增长知识和经验，增加对父母、社会的了解和认识。在处理孩子的“错误”时，要耐心地、心平气和地摆事实、讲道理，说明问题的严重性和危害所在，使孩子心服口服。父母若发现自己的不当之处，要及时向孩子道歉，这样，孩子会从内心感激、信任父母。

尊重孩子还表现在父母对孩子的“小毛病”“小错误”的宽容对待。不要急于求成，要给孩子一个改正的时间。有些家长为了鼓励孩子实现目标，往往是以奖励的办法。对于奖励一定要注意的是，答应孩子的事情一定要办到，要信守承诺。有些家长可能不以为然，会有各种借口来搪塞，这是教育的大忌。如果家长对自己的承诺没有兑现，会让孩子认为父母是个不诚实的人，自己没有受到公平的对待，那孩子往往会效仿家长，对自己所说、所做的事情都不放在心上，成为不负责的人，而且也会拉大父母和孩子的距离，甚至丧失对父母的信任，让他们不再把父母当成朋友，慢慢对父母“关闭”自己的心灵之门。

4. 不把自己的愿望强加给孩子

林林的爸爸一直想让孩子成为出色的歌唱家，他觉得那样孩子会很风光，自己也会很光荣。于是，他在没有征求孩子意见的情况下，就为孩子报了音乐培训班。

为此，林林没有了和伙伴们一起玩耍的时间，还被爸爸的期望压得喘不过气来。终于有一天，林林累倒在音乐培训班上，爸爸这才意识到自己教育方法的失误。

于是，爸爸不再将自己的愿望强加到孩子身上，而是还孩子自由，让孩子享受本该属于他的快乐童年。而林林也没有让爸爸失望，学习成绩不断上升，还被评为了“市优秀小学生”。

有的父母不考虑孩子的实际兴趣，也不征求孩子的意见，就给孩子报了这样那样的培训班、辅导班，本意是想让孩子尽早地出人头地，却往往收到相反的教育效果：孩子心生厌倦或逆反，父母也产生了失望、失落的情绪。

父母要站在孩子的角度，分析孩子的特点和兴趣，结合孩子的实际，找到适合孩子成长成才的路。要放弃简单地为孩子设计的发展方向和步骤，让孩子按部就班地成长的想法。只有这样，孩子在感激父母理解他们的同时，还会激发自己的进取心，从而获得更大的进步。

5. 多听孩子的意见

小鹏家里最近要买新房，爸爸觉得孩子是家里的重要成员，就想听听孩子的想法。听了爸爸的问话，小鹏说：“爸爸，我和附近的小朋友玩得很开心，如果现在搬家了，就没有这么多小朋友和我玩了。”他建议爸爸等他上小学后再考虑搬家的事。

爸爸站在孩子的角度上分析了一下，认为孩子的话很有道理。为了让孩子能有小伙伴的陪伴，度过开心的童年，他决定暂时先不搬家，等孩子上小学时再做打算。

孩子是一个独立的个体，对于每件事也会有自己的想法和意见。父母多倾听孩子的意见，才能更全面地思考和分析问题。父母的世界和孩子的世界是不同的，父母应该尊重孩子的意见，鼓励孩子勇敢表达自己的看法，从而增加亲子互动，使问题得到更圆满的解决。

6. 不断学习，提高本领

学习是提高家长换位思考能力的主要手段。作为家长，不能只关心孩子的学习，也应该多学习一些孩子成长的知识，了解科学的教育观念。家长只有学习三种知识，才能拿到社会意义上的“父母执照”：第一，一个想成为孩子朋友的家长，必须具有正确的人才观念。第二，掌握一定的心理知识，了解孩子不同时期的心理特征及认知特点。这一点至关重要，有一些父母只关心孩子的学习，不关心或不能察觉孩子的心理变化，认为孩子不懂事，招人嫌，使孩子觉得父母不关心自己，与父母没有共同语言，不得不保持沉默，独自承受内心的不安、委屈和痛苦。第三，学习一些同孩子沟通交流的方法和技巧。所谓学习，方式是多样的，可以阅读一些相关的书籍、报刊，参加一些父母讲堂、家长培训、亲子课堂等活动，也可以就一个具体的问题咨询专家，或同其他家长交流经验等。

知己知彼，百战不殆。了解自己的孩子，你就会站在孩子的角度思考问题，孩子也就能理解你的付出。播种一个方法，收获一片希望。

作为父母应该明白，大人的世界是大人的世界，孩子的世界是孩子的世界，这两个世界是不一样的。如果父母硬要用大人的世界的要求来对待孩子，势必会发生许多亲子关系上的问题和不愉快。因此父母应该学会放下自己的成见，试着用“孩子世界”的眼光来了解和认识孩子。并且作为父母应该学会换位思考的方法和技巧，当孩子遇到问题时，能够迅速从孩子的位置和角度来看待问题，分析问题，才能有效地解决问题。不仅如此，换位思考，还是一种了解孩子真实想法，快速拉近和孩子心灵距离的有效方法。

总之，父母和孩子之间不是主人和奴隶的关系，而是一种平等、尊重、关心、信任的朋友关系。父母要尊重和理解孩子，要能站在孩子的角度看待问题和解决问题，这样才能赢得孩子的尊重和信任。

“尊重”比成绩更重要

每一个人都渴望得到尊重，孩子也是如此。在中国，很多家长更多的是注重孩子的学习，孩子的成绩，孩子是否能考上一个好的中学，好的大学。而在这个过程当中，父母从来没有问过孩子，你是否被尊重过？

捷克教育家夸美纽斯指出：“应当像尊敬上帝一样尊敬孩子。”

前苏联教育家苏霍姆林斯基说过：“如果一个人不能认可自己的存在，就不能在自己心灵里成为主宰者，就不能在生活中确立自己的地位，就不能在人生的道路上自豪地抬起头来走路。”

因此，尊重孩子已经成为许多世界性教育组织的一种倡议。

世界学前教育组织在《童年宪章》中指出：

◎所有的孩子都不应该受成人剥削，他们的心、脑和身体是属于他们自己的，不能分割。

◎所有的孩子都有权在安全并有激励性的环境里游玩、成长和学习，不受伤害和烦恼。

◎所有的孩子都享有他们所需要的一切来充分发挥他们的潜能，从而使他们的头脑、身体和情感都得到健康的成长和发展。

尊重孩子，按照《世界未成年人权利保护公约》所说，就是要尊重孩子的生存权、发展权、受保护权以及参与家庭、文化和社会生活的权利。

对于任何一个孩子来说，他的想法和意愿都应该得到父母的尊重，甚至是理解。而孩子的理想和追求就更应该得到父母的尊重。这些尊重要比我们父母口中所说的成绩更为重要。

当父母懂得尊重孩子的一切权利的时候，这说明正确的、有益的家庭教育才真正开始。

只有被人尊重，孩子才可能获得自尊，并可能学会尊重别人，而自尊和尊重他人是成为一个具有健康人格的首要条件。由于孩子还不够成熟，自尊意识往往处于萌芽状态，所以特别容易受到伤害。

但是，传统的观点往往认为，孩子是父母的附属物，你给他什么就是什么，孩子本身并不存在索取的理由。事实上并不是这样，孩子有他应得的东西，比如受教育的权利、被尊重的权利，等等。

其实很多时候，父母将成人间的那种处理问题的技巧和方法以及宽容的态度用到孩子身上，就很让孩子感动了。因为成人间可能会容易尊重对方的各种权利，为什么对孩子却不能够呢？好多时候，父母对孩子没有尊重意识，孩子在被责备后，大多不知道如何来捍卫自己的权利，孩子对父母的决定和“判决”只能是承受，不管父母的决定是正确还是错误的。

孩子的不加辩驳、不会辩驳，往往使父母忽视了他们应有的权利。因此，在现实生活中，时常发生孩子的权利受到侵犯的事件。也许有的父母会认为，给孩子那么多的权利，孩子还怎么管呢？不是无法无天了吗？

其实，这些担心是不必要的。一个懂得珍惜自己权利的人，比一个不珍惜自己权利的人更容易教育，因为这说明孩子在成长。而且，孩子的权利是在教育孩子怎样更好地做人，而不是教育孩子逃避父母的帮助和指教。

一年夏天，某学校的校长对王艳说，暑期有一个国际海洋夏令营，给她女儿一次参与的机会。校长如此关照，学生父母能不千恩万谢吗？事情就这么定了下来，虽然女儿知道后反应平淡。

不久，开始办理夏令营手续。6 天活动，交费 1600 元。在当时，王艳知道价格偏高，可还能去砍价吗？只能乖乖如数交钱。

谁知，女儿参加夏令营的事前培训之后，回家宣布：

“这个夏令营是骗人的！6 天改 5 天，又没有多少海洋活动，我不去了！”

“钱都交了，怎么能不去呢？”

“退钱呗，有什么了不起的！”

女儿态度挺坚决。

这件事让王艳有些犯愁。校长给的机会，怎么好意思退？再说，多一天少一天有什么大区别？去了就会有收获嘛。

这种惯性的理由在心中上升的时候，王艳突然意识到，女儿的态度是有道理的，而一味忍让的态度不应让孩子接受，为什么不就势给孩子一次机会呢？

王艳调整了一下心态，平静地说：

“去不去参加夏令营是你的权利。如果决定不去，你要负责向有关老师解释清楚，并办好退营的手续，行吗？”

做父母的都明白，退营是一件挺麻烦的事，谁办夏令营愿意参加者退出呢？况且，这一次是区校两级参与，又已经到了出发前的培训阶段。不料，女儿却毫不犹豫，一口答应下来。

第二天，女儿办妥了全部退营手续，1600 元钱如数拿回。

孩子对自己的权利的意识在很小的时候并没有意识，需要父母来启发、唤醒。久而久之，孩子的权利意识就会从无到有，从弱到强，就会知道捍卫自己的权利。

同样的，在现实生活中不少父母喜欢为孩子设计理想。从上小学开始，就为了孩子的理想一步步规划好了，甚至想到了孩子以后要上哪所大学的什么专业。为此，父母不顾孩子的爱好和理想，强迫孩子按自己设计的轨道发展，如果孩子有一点儿没有符合自己的意愿，就对孩子的所有努力和成绩全盘否定，甚至打骂孩子。

作为父母，其望子成龙、望女成凤的心理无可厚非，但是为了孩子能有一个好的前途，而给孩子过大的压力，结果让孩子不堪重负而走向极端，就太让人遗憾了。

所谓尊重孩子，就应该尊重孩子的理想和追求。父母在培养孩子时，必须征求孩子的意见，尊重孩子的理想和追求，进而理解孩子的理想、知道孩子的真正需要。即使孩子的理想与父母的设计产生偏差，也要平静地与孩子沟通，在尊重孩子理想和追求的基础上，通过商量探讨，让孩子充分理解父母的想法，然后把选择权交给孩子。

父母在尊重孩子理想和追求的时候，还要注意一个问题：不要在孩子建立理想的初期给孩子太多的压力和警示，这样很容易打击孩子的积极性，让孩子轻易放弃自己的理想。正确的做法是鼓励孩子树立理想，并为理想而努力。

我国南北朝时期南朝的科学家祖冲之小时经常受到父亲的责骂。

祖冲之的父亲祖朔之是一位小官员，他望子成龙心切，总是希望祖冲之出人头地。祖冲之不到9岁，父亲就逼迫祖冲之去背诵深奥难懂的《论语》。两个月过去了，祖冲之只能背诵十多行，父亲气得把书摔在地上，怒气冲冲地骂道："你真是一个大笨蛋啊！"

几天后，父亲又把祖冲之叫来，对他说："你要用心读经书，将来就可以做大官；不然，就没有出息。现在，我再教你，你再不努力，就决不饶你。"

但是，祖冲之依然非常不喜欢读经书。他对父亲说："这经书我是说什么也不读了。"

父亲听了祖冲之的话，气得伸手打了他两巴掌。祖冲之大哭起来。

这时，祖冲之的祖父来了，当他得知事情的真相后，对祖冲之的父亲说："如果祖家真是出了笨蛋，你狠狠打他一顿，就会变聪明吗？孩子是打不聪明的，只会越打越笨。"接着，祖父又说，"经常打孩子，不仅不能起到任何好的作用，还会使孩子变得粗野无礼。"

祖朔之无奈地说："我也是为他好啊！他不读经书，这样下去，有什么出息？"

"经书读得多就有出息，读得少就没有出息？我看不一定吧。有人满肚子经书，只会之乎者也，却什么事也不会做！"祖冲之的祖父批评说。

"他不读经书怎么办？"

"不能硬赶鸭子上架。做父母的，首先要明白孩子的理想和追求，不要阻挠，加以引导，孩子才可能成才。"

听了祖冲之祖父的话，祖朔之同意不再把祖冲之关在书房里念书，还让祖冲之跟着祖父到建筑工地上去开开眼界，长长见识。

祖冲之不用再读经书了，他感到非常高兴。

有一次，祖冲之对祖父说，对天文感兴趣，将来想做个天文学家。祖父对祖冲之说："孩子，我支持你。正好，咱们家里的天文历法书多得很，我找几本你先看一看，不懂的地方就问我。"

就这样，祖冲之在祖父支持下，父亲祖朔之也改变了对儿子的看法。从此，父亲不教祖冲之学习经书，祖冲之对天文历法越来越有兴趣，后来成为一名科学家。

所以说，在孩子的成长过程当中，父母关注的应该更多的是孩子的自尊，而不是把成绩放在第一位。孩子不是学习的机器，他们应该有被尊重的权利。做家长的应该在学习和生活中更多地尊重孩子，给孩子一个自由的发展空间。

没有秘密的孩子长不大

孩子有了秘密，许多家长总是千方百计地去调查，如翻看日记、拆信件，甚至是打骂、训斥。殊不知这些做法会伤害孩子的自尊心，造成孩子沉重的精神压力，甚至产生敌意和反抗，采取全方位的信息封锁和防备措施，导致父母与孩子的关系恶化。

理智的做法是尊重孩子的秘密，不要想法设法地去探寻孩子的秘密，这也是尊重孩子的人格。给孩子一个自由的空间。要记住没有秘密的孩子是长不大的。

孩子大了，心中自然会有不愿告诉他人的秘密。尽管孩子内心世界的秘密有正确的也有错误的东西，但毕竟是孩子成长、成熟的表现，也是孩子成长过程中的正常现象。父母对此应该予以尊重，千万不能因为孩子不再像以往那样和自己说心里话，而采取偷偷摸摸的方法。否则，只会给孩子蒙上阴影。

父母应该试着去了解孩子，和他沟通、闲聊，加强家庭内部的温馨、和谐的气氛。

王夕是个五年级学生，在妈妈眼里一直都是乖女儿。但是一个偶然的机会，妈妈惊讶地发现，女儿竟然藏着许多她不知道的秘密。

一个周六的上午，休息在家的王妈妈像往常一样帮女儿整理房间，无意间发现了王夕遗忘在桌子上的抽屉钥匙。平时这把钥匙总是被女儿像宝贝似的带进带出的。在好奇心的驱使之下，王妈妈犹豫着打开了抽屉。抽屉里的东西把王妈妈吓了一跳——全都是歌星、影星的大头像，同学送的生日卡片、崭新的光盘……王妈妈一边看一边火冒三丈。在她看来，一个十来岁的女孩，最重要的还是学习，但是女儿的喜好却让她很痛心。女儿回来后，王妈妈便不问青红皂白地给了女儿一顿训斥，并且打了女儿。

事后，王夕给妈妈的信中写道，如果孩子没有隐私，那就大错特错了，每个孩子都有自己的秘密，请大人尊重孩子的隐私，请妈妈还我一片自己的天空。王妈妈看了女儿的信也进行了自我检讨："我当时真的是气坏了，从不轻易打骂孩子的我，居然把她打了。当女儿哭喊着对我说'你侵犯了我的隐私'时，我才意识到事情没那么简单。"

王妈妈表示，不管父母是否愿意，孩子真的在慢慢长大，她有自己的空间，也有自己的秘密。

当然，有许多父母就像王女士一样是怀着一种矛盾的心情去偷窥孩子的秘密的，但又无可奈何，生怕孩子受到外界不良因素的影响学坏了。那么，注重平时的交流，特别是在充分尊重孩子人格与隐私的基础上，平等对话，交流情感，循循善诱，让孩子主动敞开心扉，恐怕是避免这种矛盾的最好办法了。

至于私拆孩子的信件，更是错误的。因为无论是《宪法》，还是《中华人民共和国未成年人保护法》，都明文规定，公民的通信自由不容侵犯，未经允许拆看他人信件，是违法的，不允许的。

毫无疑问，保护孩子的隐私是对孩子的尊重，父母也会因此赢得孩子的敬重和爱戴。那么，父母应该如何对待孩子的隐私和秘密呢？

1. 用心了解，掌握孩子的蛛丝马迹

在目前复杂的社会环境中，许多不健康的因素都在悄悄地腐蚀着孩子的心灵：如养成抽烟喝酒的不良嗜好，结交一些不三不四的朋友，晚间外出甚至彻夜不归、早恋等。父母很担心孩子的行为，但是想要了解孩子，不用偷偷摸摸，那样做反而会引起孩子的反感。家长应该更留心孩子的一些细节，及时观察和掌握孩子的秘密的蛛丝马迹，以利于正确的引导。

2. 理解沟通，尊重孩子的自尊自由

随着年龄的增长和独立人格的形成，孩子的“保密性”越来越强，如写日记和书信，与同学交往和谈话内容，都不愿主动地向父母透露。如有的孩子为了不让家长知道自己的秘密，日记甚至用英文写。面对这样的情况，父母可以经常主动地找孩子交谈，达到与孩子情感上的沟通，营造家庭中平等、民主、理解、宽松的氛围，使孩子感到自己和父母之间不仅仅是血缘上的亲子关系，更是生活中可以信赖的朋友。这样一来，孩子也会愿意把自己心中的秘密告诉父母了。

3. 有的放矢，引导孩子健康成长

尽管孩子的自主意识增强，但正确的人生观尚未形成，是非观念不强，缺乏自我克制的能力，正值成长的心理危险期，所以在处理诸如学业、情感、人际、生活等许多方面，还不可能把握好尺寸。父母在细心观察孩子的思想动态，掌握孩子内心隐秘的同时，要根据其性格、爱好等有针对性地采取措施，培养孩子分辨是非的能力。

当孩子有了自己的爱好、理想甚至异性朋友时，父母更应循循善诱，加以引导，使孩子在学习和生活中把握自己的思维、生理和内心隐秘，规范自己的品德和人格；使孩子学会如何去辨别朋友、增进友谊、处理矛盾，并不断排除和修正内心隐秘世界中非健康的因素。当然，父母还要允许孩子“保密”，内心的秘密是每个正常人具备的基本内容，从这个意义上讲，尊重孩子的“隐私”，就是尊重孩子的人格。

父母要了解孩子对“受人尊重”的需要，保护孩子的自尊心，尊重孩子的隐私和秘密。

父母要勇于承认错误

“人非圣贤，孰能无过?”的确，在漫漫人生道路上，谁能一点儿错误不犯呢？特别是有时家长做错了事，也要勇于承认错误。

一位母亲去商店买油之前，把瓶子里剩下的油倒在一个铝盆里，放在床头柜上。晚上吃完饭把铝盆收起来，她发现床头柜上和地上洒了很多油。母亲想，一定是儿子在屋里玩不小心碰洒的，于是把孩子叫过来：“你碰这床头柜了吧?”孩子争辩说：“我没有!”“你没碰这油，怎么撒一地?”孩子还是不承认。母亲为了教育他，讲了撒谎孩子的故事，还说了一番道理。孩子不服气，一边下楼去玩，一边嘟囔着：“不是我还赖我，就会赖我!”母亲心里很纳闷，心想：难道我真的冤枉了孩子？她把床头柜和地上的油都打扫干净了，暂时没动那个铝盆。等她下楼把孩子找回来时发现床头柜上和地上又是一层油。原来铝盆有砂眼，油是渗出来的。母亲赶紧把孩子叫了过来，为孩子“平反”，向他承认错误：“妈妈错怪你了，冤枉了你，这油是自己渗出来的，不是你碰的。”说到这里，孩子哇的一声哭了，比刚才还委屈。母亲赶紧说：“好孩子别哭了，是妈妈不对，妈妈向你赔礼道歉行不？下次遇到什么事一定要等调查好了再说……”这位母亲接受了教育，再也没有盲目批评孩子的事。几年以后，提起这件事来，孩子总是说：“一提这件事，我就觉得妈妈特好!”

许多家长可能都有过与这位母亲相似的经历。坦诚地对待自己的缺点错误，认真向孩子赔礼道歉，不但得到孩子的谅解，还赢得了孩子对家长的敬佩之情。

是否也有这样的家长，明明自己做错了事，冤枉了孩子，或者是误导了孩子，还给自己护短，轻描淡写，不当回事儿？这就违背了做人的基本原则，也是教育中的大忌。次数多了，家长在孩子心目中失去威信，还谈得上什么教育孩子呢？

有错认错，需要实事求是，既不能小题大做，也不能大题小做，要把握好“度”。

家长在生活、工作中有了错误该如何面对孩子的问题？家长在外面犯了错误，懂事的孩子知道了，会产生各种心理：痛苦、情绪低落。所有的孩子都期望自己的父母是世界上最完美的人，一旦家长犯了错误，孩子的心里是难过的，会忧心忡忡。家庭人际关系越好，孩子的这种心理越强烈。父母有错，孩子觉得在外人面前抬不起头来，怕别人知道家长的事情，在外人面前感到羞愧，更怕别人提起。有的孩子在知道父母有错误之后，容易产生偏见，认为家长变坏了，甚至产生怨恨心理，看不起家长，不爱理家长。以上这些心理是正常的，是可以理解的。

作为家长，怎样做才能减小不利影响呢？

其一，与孩子交谈，承认自己犯错误的事实，尤其要谈改正错误的决心和信心，不要轻描淡写，要让孩子亲身感受家长的痛悔之情，改过之意。

其二，让孩子把心里话说出来。即使孩子说了怨恨过头的话，也不要责怪孩子。放下家长的架子，真诚表示接受孩子的批评和教育。

其三，请孩子做自己改正错误的监督人，这一点很重要，当孩子意识到自己的责任时，他会振作起来。

其四，该教育孩子时，继续认真教育孩子。犯了错误的家长，依然有教育孩子的责任。在教育孩子时，要更加注意方式方法和时机的选择。

其五，让孩子跟老师或班干部正面谈谈家长犯错误的事情，不便公开的就不要谈。有一点应该跟孩子强调：一人做事一人当，孩子不应背思想包袱。必要时，请其他亲友给孩子做思想工作。

第十章　与孩子一同成长

父母是孩子的抚养者同时也是孩子的第一任教师，肩负着抚养孩子和教育孩子的重任。在教育孩子的层面，父母应该了解正确教育孩子、培养孩子的相关知识，对孩子既爱护又严格教育，既宽容又不放纵。如今，越来越多的教育界人士意识到家庭教育是一种双向行为，父母和孩子都需要相互施教，互相学习，家长教育孩子的过程同时也是自己受教育的过程！

培养孩子的孝敬心

在中国，孝的观念源远流长，甲骨文中就已经出现了“孝”字，就是说在公元前11世纪以前，华夏祖先就已经有了“孝”的观念。《诗经》中就有“哀哀父母，生我劬劳”“哀哀父母，生我劳瘁”的咏叹。

作为中华民族的一种传统文化，孝道随着中国社会文明的发展而不断地丰富和赋予新的内容。弘扬中华民族的传统孝文化，重建与现代文明社会相适应的新孝道文化，对融合代际关系，实现家庭和睦，营造孝亲敬老的良好社会氛围，发挥贤孝文化在构建社会主义和谐社会中的作用具有重要的现实社会意义。

“羊有跪乳之恩，鸦有反哺之德”，我国是一个礼仪之邦，孝敬父母是中华民族的传统美德，是每一个人都应该继承和发扬的传统美德，它体现的是做人的最根本的人性和道德。落实到家庭里，在家里能养成孝敬父母的好习惯，到社会中才有可能做到关心他人，因此千万不能忽视培养孩子尊敬长者、孝敬父母的好习惯。

亮亮是个小学四年级男生，衣来伸手，饭来张口，连自己的床铺都要妈妈整理。一天，妈妈生病卧床，要他独自去楼下的快餐店解决吃饭问题，且自己铺床。一听说家务得由自己动手，亮亮竟大发雷霆，对着病床上的妈妈破口大骂。此外，亮亮明知下岗的爸爸仅仅依靠修理自行车获得微薄的收入，花钱仍然大手大脚，经常向爸爸索取零花钱。除了出入游戏机房，他每天放学后还在校门口买上五串羊肉串，吃得满嘴流油。当疲惫的爸爸要他打一盆洗脸水、取一条毛巾时，他要么以“正在做作业”为由懒得动手，要么嘟嘟囔囔，没有好脾气。

从上面的例子可以看出，亮亮是一个不懂得孝道的孩子，但这是谁的错？现在的孩子多是独生子女，家长都备加呵护，生怕冻着、饿着，在衣、食、住、行等方面对孩子照顾得无微不至，但是没有认识到在思想上得教会孩子孝顺。常言道，百善孝为先。一个不懂得孝道的人，他的内心只有自己，不会再容下任何人，走入社会后，他也是自私的。

所以，作为父母我们不但要从生活中关心孩子，还要注意对孩子的孝心的培养。

1. 父母要以身作则，给孩子树立孝顺的榜样

父母首先要以身作则，自己要做到孝敬父母、尊敬长辈。孩子对待父母、长辈的态度，直接受父母对待长辈态度的影响。孝心其实就是在一代代父母的身体力行中传承、沿袭下来的，孝心就是在父母的榜样下养成的。因此，要想培养孩子的一颗孝心，父母首先要以身作则，要做孝敬长辈的楷模，因为“身教重于言教”。

从前有一对中年夫妇对年迈的父母很不孝顺，他们把老人撵到一间破旧的小屋里居住，每顿饭用小木碗送一些不好吃的东西给老人。一天，他们看到自己的儿子在雕刻一块木头，就问孩子刻的是什么。孩子说：“刻木碗，等你们年纪大时好用。”这时，这对中年夫妇猛然醒悟，赶忙把父母请回正屋同自己一起居住，扔掉了那些小木碗，拿出家里最好吃的东西给老人吃。小孩因此也转变了对他们的态度，从此一家三代和睦生活。

可见，父母的榜样作用，对孩子的影响有多大。现在，社会中有些夫妻不仅不照顾自己的父母，反而千方百计“搜刮”老人们的财物，这给自己孩子树立的形象非常不好，孩子长大后也会效仿父母的做法。因此，我们不仅要管好自己的小家庭，还要时刻不忘照顾年迈的父母亲，决不能添了儿子就忘了老子。如果说平时因居住地较远，工作较忙不能和老人朝夕相处，那么在节假日要尽量抽时间带上孩子去看望老人，帮老人做些家务，同老人共聚同乐，尽一份子女应尽的责任和义务。时间长了，孩子耳濡目染，潜移默化，也会逐步养成尊敬长辈、孝敬父母的好习惯。

2. 从小事入手培养孩子孝顺的习惯

要把孝心变为孩子的实际行动，就应当从日常小事抓起。在日常生活中，细微的小事最能表达孝心。因此，对孝心的培养也应从细微处入手。例如经常关心父母的身体健康、关心父母的工作、关心父母的心情变化，等等。

孩子应承担必须完成的家务劳动，哪怕是吃饭时摆筷子，并根据孩子的年龄、能力、学习情况，合理分配，具体指导，耐心训练，热情鼓励。这样不但有利于孩子养成参加家务劳动的习惯，也有利于孩子不断增强孝敬父母的观念："父母养育了我，我应为他们多做事。"

我国传统读物《三字经》里的"香九龄，能温席，孝于亲，所当执"，讲的是汉朝时期因孝敬父母而闻名的孩子黄香的故事。黄香9岁丧母后，非常孝敬父亲。夏夜每天临睡前，小黄香就坐在父亲的床上把蚊子驱走，把蚊帐挂好，再用扇子把席子扇凉；而每个冬夜，他就先睡进父亲的被窝，用自己的体温焐热，再请父亲睡下。不仅如此，小黄香在学业上还十分出色，当时就有"天下无双，江夏黄香"之说。显然，小黄香表达孝心都体现在细节上。

3. 让孩子了解父母养家的辛苦

现在不少孩子不了解父母的工作情况，不知道父母为了养家的辛劳，只知道有需要的时候向家长伸手要钱买这买那，认为父母供养自己都是应该的，在他们的脑海中没有关心父母的想法。这样的孩子又怎么会孝敬父母呢?

赵女士为了让儿子胡严了解赚钱的辛苦，每月给胡严定了四个劳动日。在劳动日里，妈妈不给胡严零花钱，而让胡严自己去赚。

干家务，妈妈支付胡严相应的报酬。这天又是劳动日，胡严想要一个玩具熊，为了赚够所需的钱，胡严一直干活到下午。等胡严把玩具熊抱到怀里的时候，他不由得叹气："妈妈每天都这样辛苦，真是不容易啊!"

所以，做父母的为了让孩子更加深刻体会到自己养家的辛苦，应当经常把自己在外工作和收入的情况告诉孩子，说得越具体越好，从而让孩子明白父母的钱得来不易，并且让他在生活中深刻体会到这种不易。自然，孩子会逐渐珍惜自己的生活，也会从心底里产生对父母的感激和敬重。

4. 给孩子表达孝心的机会

其实，大多数孩子是有孝心的，只是家长没有给孩子表现的机会。家长有的时候怕耽误孩子学习，而不让孩子去展现自己。时间长了，那颗孝心就被埋藏了，甚至是泯灭了。

曾有一位母亲卧病在床，9 岁的女儿主动要求为母亲熬药、做饭。但这位母亲犹豫再三，最后不但硬撑着下床亲手熬药，还自己动手做饭端给女儿吃。看到母亲的行为，孩子的心中产生了这样的想法："母亲即使生病了也用不着我的帮助！我没有必要太关心母亲！"从此以后，这个孩子在日常生活中对父母的劳累和难处就变得不闻不问。

因此，我们对待孩子，不要一味地包办，生活中许多都可让孩子参与，不要以耽误学习为借口。因为孩子也是家庭中的一员，他们可以从生活中学到、体验到书本中无法学到的知识。

孩子的独立来自父母的培养

一位家长这样回忆他的经历：

还记得我们多么迫切地想看到孩子第一次怎样行走吗？他们每走一步，我们都小心翼翼地在一侧拿着摄像机，片刻不离地拍摄，要把宝宝的第一次蹒跚学步永远留下来。

后来，他们越走越远，而且开始会跑——全速前进。他们围着厨房疯跑，到了拐角处也不“刹车”。他们绕着房子奔跑，一到楼梯口，就立即调换方向。他们奔跑着穿过院落，一直跑到街区，任凭大人在后面拼命追赶。

我们自豪地看着他们的行动那么迅速敏捷，是那样不听话。自豪中，还有那么一点儿害怕。

现在，他们已经成长为青少年。他们终于慢下来了吗？过不了几天，他们就会缠着我们同意让他们参加驾驶培训，还会索要家里的汽车钥匙。他们再一次离家外出、四处疯跑——他们将车向后一倒，迎面朝公路开去。当汽车的排气孔向我们站立的方向喷出一股浓烟、一阵风般消失时，我们希望他们具备靠自己成功的本领和责任。

家长应该怎样利用几年前的这些感受，将青少年孩子变成翅膀硬朗、离巢而出的小鸟？我们怎样为他们成为独立自主的成年人做好准备？……

其实这不但是这位家长思考的，同样也是我们所有家长所要面对的事情。孩子从呱呱落地到将来长大成人、成家立业，是一个从依赖到独立的过程。在这个过程中，孩子的独立意识是逐渐建立起来的。家长不能总是以大人的眼光去看待孩子的行为，应该给予自主权，不能让孩子过分依赖家长，因为那是十分有害的。为什么要培养孩子自立自强呢？因为自立自强是孩子成才的根基。

打一个比方。一座坚实的摩天大厦要有一个坚固的地基，而对于优质的楼宇来说，仅仅有一个深且坚的地基还远远不够，还要有好的规划、好的施工队、好的建材，否则也将是一个“豆腐渣”

工程。

这个比方也适用于在自立自强教育下孩子性格的形成。地基就好比性格中的先天成分，我们暂且称它为本性。个体即是楼宇，楼宇的建设就是一个人性格发展的过程。

一个猎人打猎时捡了几只刚出生不久的小狮子，就把它们带回家中精心喂养。这几只小狮子慢慢长大了，它们生活无忧无虑，有吃有喝，自在幸福。当然，它们都关在笼子里，猎人给它们设计的笼子也是温暖而舒适的。没想到，一不小心，一只小狮子从笼子里跑了出去，猎人到处寻找也没有找到。而其他几只呢？还在受着保护。

一天，那个猎人外出打猎再也没有回来，习惯了被喂养和保护的小狮子们最后活活饿死了。而那只当年跑出去的小狮子呢？它已经变成了一只野狮子。它独自在野外时，饿了自己找食吃；渴了自己找水喝；有了伤，它学会了用舌头舔伤口；遇到敌人，它知道怎样保护自己。正是这种独立的、不依靠别人的习惯，使它在大自然的环境里顺利地活了下来。

因此，为了孩子的未来，让他们从小养成独立生活的习惯是父母的首要任务，也是孩子真正成长为一个大人所必须具备的素质。

所以，父母们一定要重视对孩子的自立自强教育，因为自立自强是孩子成才的根基。培养孩子的自立自强精神，等于为孩子未来的成功打下基础。

家庭责任感要从小培养

我们经常发现，一些人责任心很强，而有些人就不是这样的。一个没有责任感的孩子，因为找不到自己的生命在社会中的地位与重要性，便会感到迷惘，进而失去进取的动力，并容易为其他一些物质性的、轻浮的事物所吸引，沉溺其中。因此，家长们要重视培养孩子的责任心。

一位谈判官在国外参加一个重要谈判时，中途去了趟洗手间。在一个洗手间里，他听到隔壁小间里一直有一种奇特的响动。由于这响动时间过长，而且过于奇特，因此在好奇心的驱使下，他通过小门的缝隙向里探望。这一看使他惊叹不已。原来，小间里一个只有七八岁的小男孩正在修理马桶的冲刷机构。他一问才知道，是这个小男孩上完厕所以后，因为冲刷设备出了问题，他没有把脏东西冲下去，因此他就一个人蹲在那里，千方百计地想修复那个冲刷设备。而他的父母、老师当时并不在他的身边。

这件事令这位谈判官非常感慨，一个只有七八岁的小男孩，竟然有如此强烈的负责精神。可以说这种负责精神已经渗透到了他全身的每个细胞、每根神经、每滴血液，已经完完全全成了习惯。

但是，现在有些父母不太重视培养孩子的责任心。当孩子遇到一些事情的时候，父母总想替孩子完成，希望能为孩子留出更多的时间去学习。但是家长要知道：责任心是孩子做人、成人的基础，因为有责任心的人，首先要有一定的道德水准，否则他也不可能对事情负责任。责任心也是做事情的标准之一，没有责任心就不可能认真去做事。

在以往比较艰苦的环境中，孩子们更多地参与家庭生活中来，帮助爸爸妈妈操持家业，照顾兄弟姐妹，这使他们知道爸爸妈妈谋生之不易，自己必须为爸爸妈妈承担一部分责任，尽自己的义务照顾弟妹，省吃俭用为家里减少生活负担……看见爸爸妈妈为照顾一家生活而辛苦劳作，便会感到自己肩上的责任，希望有一天能够为爸爸妈妈排忧解难。所以我们经常看到影视剧里演的，一家好几口人，大一点儿的孩子都努力挣钱帮助父母养家糊口。孩子这么做也都是从小参与家庭事物的管理，知道父母生活的不易。

而现在的孩子，这种社会责任感、家庭责任感意识非常薄弱，这与生活的环境有直接的关系。过去的孩子直接参与家庭生活和管理，而现在的孩子只知道自己学习这一块，家长并不让他们参与家庭管理。而且现在的孩子多是独生子女，享受着前所未有的物质条件，这样的生活条件使他们一切以自我为中心，缺少家庭、社会责任感。虽然我们不断地教育孩子，他们的成长关系着国家的命运、民族的长盛不衰，要为祖国而学、为人类进步而学，但由于没有目标的鼓舞、激励，这些长远的目标就显得空洞，缺乏实际意义。这就需要父母与社会教育工作者一同找出途径与手段，来弥补孩子在新的社会环境中成长所缺乏的重要一课，找出对孩子们健康成长有根本意义的家庭及社会因素。

随着社会的进步，观念的不断变化，家长们也在探索怎样去培养孩子的独立意识。

在美国，从幼儿园开始，孩子们就轮流担任老师的助手，帮助老师组织各种活动，以锻炼自己的责任感和能力。孩子们都很愿意参与这些活动，并为自己日渐增长的能力自豪。

父母应该向孩子敞开交流的大门，向孩子讲一讲成年人的苦恼，家事的烦琐，工作的困惑，使孩子从小就懂得父母之不易，生活之艰辛，产生为父母分担忧虑的念头。父母也应捕捉住孩子的心愿，对他们的理解与分忧的愿望表示欣赏，并且为有这样懂事的孩子感到骄傲。

聆听孩子的意见，采纳他们任何有价值的建议，欣赏孩子任何帮助父母和家庭的举动，这些都能激发孩子的责任心以及对家庭有所助益的自豪感。让孩子对父母的工作经历及家庭的日常事物进行了解与分析，也是孩子洞察世事、了解生活的好途径。父母应锻炼孩子的分析、判断与处理事物的能力，为他将来走上社会打好基础。

著名教育家茨格拉夫人说："必须教育孩子懂得他们不同的一举一动能产生不同的后果，那么随着时间的推移，孩子们一定会变得很有责任感。"

一位外国妈妈带着8岁的女儿到中国山东一户人家做客。女主人对外国友人的到来非常重视，特别学习了西餐的做法。她对外国母女说："今天我做西餐给你们吃，你们尝尝中国人做的西餐味道好不好。"

8岁的女孩听女主人要给她们做西餐，心想：中国人做西餐肯定不好吃。于是，当女主人问她吃不吃的时候，小女孩坚定地回答："我不吃。"

等女主人把西餐端上来的时候，小女孩一眼就看到了漂亮的冰淇淋。这么好看的冰淇淋味道肯定很好！小女孩有点迫不及待地对妈妈说："妈妈，我要吃冰淇淋。"

女主人很高兴小女孩能够喜欢自己的冰淇淋，就高兴地把冰淇淋端到小女孩面前，说："来，吃吧！"

谁知，女孩的妈妈严肃地对女主人说："不行，我女儿说过她不吃西餐，她得为自己所说过的话负责，今天她不能吃冰淇淋！"

女儿着急地哭起来："妈妈，我就想吃冰淇淋！"但是，女孩的妈妈根本不为所动，只是对女儿淡淡地说："你得为自己负责。"

女主人看着这个场面，觉得女孩的妈妈也太认真了，就说："给她吃吧，孩子总是这样的。"

女孩的妈妈正色对女主人说："亲爱的，我们要培养孩子的责任心。"结果，无论女孩怎么哭闹，妈妈就是不同意她吃冰淇淋。

通常我们同情别人时，出于为别人考虑并且不图报酬时，我们会觉得自己干得不错。在孩子面前，我们必须说明这个事实。

培养孩子的责任心可以遵循以下几条原则：

1. 要求孩子对自己的事情负责

从小就严格要求孩子不能依赖父母，凡是自己能做的大大小小的事，如穿衣、吃饭、洗脸、洗手巾，等等，都该自己去做。孩子只有从小就养成了对自己的事情负责的良好习惯，才有可能逐步学会对家长、伙伴、老师和家庭等有关的人和事负责。

2. 给孩子树立一个好榜样

孩子责任感的形成也是学习、模仿的过程。父母是孩子从小接触、观察最多的对象，父母的言行举止对孩子有很大的影响，父母的任何一个细微的举止都会传达给孩子，孩子对家庭、对社会的责任感，都是在家庭生活中和与社会接触中吸取有价值的、宝贵的营养而形成和发展起来的。孩子在接受价值观念时，首先是看教育者——父母自身的言行是否符合这些价值观。父母应该用自己良好的道德品质去浇灌孩子的责任心。

3. 尊重他人的时间

在我们如今的社会中，迟到似乎很盛行。当我们准时出现时，我们正显示了自己的责任心——尊重他人的时间，并且尊重自己。

绝大多数人知道成人总是很难准时的，但即便是四五岁的孩子也应该知道迟到意味着什么，它意味着对他人不尊敬，并且使自己变得不可信赖。父母应在日常生活中教导孩子守时。

4. 选择表扬和建议

表扬会带来肯定的、积极的行为举止。表扬应该是具体的而不是笼统的。“今天，我希望你准时做好准备。昨晚，我看到你收拾好校服了。”这种表扬比“今天早上你真是一个好孩子”具体多了。表扬应针对值得表扬的事，并且须发自内心。我们要避免那些空洞的表扬，即为某些孩子不能控制的事情去堆砌恭维之辞。

表扬会激励孩子的责任心，使孩子懂得与他人合作，尊重他人。然而，这却是许多父母做得最少的事。当孩子违犯规则时，不时批评、贬低孩子。其实孩子也需要父母的尊重。当孩子改正错误时，父母不应仅仅是停止批评，还要说“谢谢你”，或者是“这样很好”，给孩子以适当的赞扬与激励。

培养孩子宽容待人的美德

某中学曾获得学校“四小发明”一等奖的初三学生张某，因为受到同学才某的欺负，感觉在同学面前很没有面子，产生报复心理，用自己的“聪明才智”研制了一个“邮包炸弹”，将同学双手拇指和脸部炸伤。

这是个例，但是也能看出：现在许多孩子心胸不够开阔，不能宽容地对待别人。其实，宽容别人等于善待自己。宽容是化解矛盾的良药，宽容是利人利己的法宝，宽容是成就事业的基础。培养孩子宽容的美德，等于为孩子未来的成功拓展道路；培养孩子宽容的美德，等于为孩子明天的幸福奠定基础。

人们这样形容宽容：一只脚踩扁了紫罗兰，它把香味留在那脚跟上，这就是宽容。宽容会使人生得到升华，在升华中找到平静，在平静中得到幸福。现在的孩子在获得优厚的生活条件的时候，更需要的是学会宽容，而不是动辄因小事去报复他人。让所有的孩子学会宽容，不仅是孩子一生的幸福，也是社会之福。

《三字经》开篇就说："人之初，性本善。"也就是说，人本善良，这是人的天性，但是真正要达到善良的境界，则需要来自人性当中方方面面的支撑。而在这方方面面、或大或小的因素中，宽容无疑是善良天性的灵魂，没有宽容，善良则无从谈起。

孩子消除狭隘的个性，回归宽容，能帮助他们排除歧视、偏见、陈规和仇恨，学会更多地尊重别人。

宽容是一种道德美德，能帮助孩子减少仇恨、暴力和偏执，同时还能引导孩子以善良、尊重和理解来对待别人。即使自己对别人的信仰或行为不敢苟同，孩子也能够认识到所有的人都值得受到热爱和尊重。

著名作家托马斯·利考钠曾说，作为道德美德的宽容有两个方面：

第一个方面是尊重。尊严是每个人不可剥夺的权利，包括他们做出道德选择的良心自由，只要他们不侵犯其他人的权利。宽容的美德要求不要将自己的观点强加在别人身上。宽容能使人们与最深层次的差异共处，即使人们继续辩论这些差异。

第二个方面是欣赏人类丰富的差异。欣赏来自于各种背景、人种、宗教和国家的人们的许多正面的品质和贡献。想要孩子们在家里、学校里、社会上能够了解其他有趣的、有用的和有益的思想方法和生活方式，并且从这类接触中受益，最最起码，要使孩子们理解人类的差异、每个家庭的差异，认识到每个个人是独一无二的。在这个意义上，宽容就是要在所有的人身上找到美好的东西。

而且，孩子学会宽容会让孩子更好地适应社会，且容易被社会所接纳。事实上，就个人的心理素质而言，宽容还是一种个人修养的体现，这点对孩子将来的成功具有非常重要的意义。

有一次试卷发下来后，严可发现老师在算分数时将一道题的分数漏掉了，没有加进去，因此他少得了2分，本来可以排第三名，现在成了第五名。他很生气，并对爸爸诉说心中对老师粗心大意的不满。爸爸听后对严可说："老师有那么多试卷要批改，丢了2分有什么关系。你不是已经把那道题做对了吗？实际上你已经得到了那2分。老师有没有算进去，这并不影响你对知识的掌握。至于名次这并不重要，所以不必计较。以后有的是机会，你下次考好了，不仅可以得第三第四名，还可以得第一名呢，你说是不是这样呀？"严可听了爸爸的教导，便心平气和地去做作业了，下一次考试他果真拿了个满分，得了第一名。

严可的父亲就是这样，通过实例，抓住适当时机，帮助孩子学会宽容与平静地对待他人的过失，这种收获比那2分重要得多。

严可的母亲同样很重视对孩子的宽容教育。有一次，一个同学不小心弄坏了严可的铅笔盒，严可很生气，不再与那个同学说话。后来妈妈知道了这件事，便对他说："这样的事难免发生，你不是也曾把隔壁小玲的泥娃娃摔掉了一个耳朵吗？那都不是有意的。同学弄坏了你的铅笔盒，不要计较，自己动手修理一下，不是照样可以用吗？"经过妈妈的教育，严可转怒为喜，懂得了宽容的道理，并与那位同学和好如初。

父母首先要用一种宽容的态度处事待人，给孩子一个正确的待人态度，但同时也要让孩子知道任何一个人都会犯错误，要以一颗宽容的心去对待别人，去接纳与谅解别人的错误，这样才能与人和睦相处。

但是现在的孩子大多是独生子女，大多以自我为中心，简单地教育两句是不能解决问题的。如果孩子有这方面的问题，我们做家长的应该如何去帮助孩子心胸开阔一点儿，做到宽容呢？

1. 父母要以身作则

常言道，“身教重于言教”，父母的实际行动影响着孩子的行为，父母所具备的品德，一般在孩子身上都能找到。因此，爸爸妈妈首先要为孩子创造一个良好的家庭环境。一个整天吵闹不休的家庭，是很难培养出一个具有宽容心的孩子的。爸爸妈妈对他人的关爱、平等、谦虚等处世原则和行为是对孩子最好的直观而生动的教育，会在潜移默化中培养孩子尊重别人、爱护别人的品格，从而让孩子拥有一颗宽容之心。

2. 教孩子设身处地为对方着想

孩子有时很自私，这跟现在富裕的生活环境有关系，父母不妨从小教育孩子学会换位思考，站在对方的角度去看问题、思考问题，这样也可以培养孩子的宽容心。

简而言之，父母要培养孩子宽容待人的美德，必须从日常生活、学习中加以注意，抓住每一件可以教育的事情，不断对孩子进行宽容待人的引导和教育，逐渐使宽容的理念融入孩子的品格之中。

培养孩子的爱心

爱是人间最伟大的一种道德，爱心是人类最美好的一种情操。父母在重视知识教育的同时，更应重视爱心教育。

作家雨果曾说过：“人世间如果没有爱，太阳也会死。”

美国著名教育家赫·斯宾塞指出：“爱心是美德的基础，也是美德最直接的表现。”

富有爱心的人，很少计较个人得失，不停地付出，却不奢求回报。然而，世间自有公道，付出总有回报。他们往往会在不经意间得到曾经被他们爱与关怀的人的感激之情，哪怕只是一张小小的贺卡，他们也备感欢欣。所以，在他们的生活里，几乎每一天都是乐观而积极的。

富有爱心，就会主动去关心帮助他人，从而易于消除人与人之间的隔阂。

富有爱心的人，必然也是一位朋友遍天下的人，不但不会因此而烦恼、苦闷和不愉快，而且有助于自己事业的发展与成功。

随着社会的进步和发展，许多孩子在生活中表现出自私和没有爱心。如今的孩子大多数是独生子女，长期处于众星捧月的地位，加上部分家长重智轻德的教育倾向，使他们以自我为中心，只知获取，不懂给予，众人为我的心理倾向。前不久，一项现代儿童生存状况调查显示：90%以上的孩子有“唯我独尊”的倾向。具体表现为：他们很少帮父母做家务，没有觉得父母赚钱辛苦，不懂得关心体谅家长，对长辈没有礼貌，不懂文明礼让，很少帮助别人，事事以自我中心……这似乎已不是个别孩子身上所突显的现象，而已成为现在孩子们的一些通病！爱心的严重缺失，如缺少对父母的孝心、对家人朋友的关心、对他人的热心及对弱势群体的同情心……这是我们现行家庭教育的一种悲哀，即父母在为孩子付出大量爱的同时却忽略了最重要的东西——让孩子学会爱，学会如何去爱自己的父母，如何去爱自己的老师，爱所有关心帮助自己的人。

有人说：世界上没有不好的孩子，只有不好的父母或不称职的父母。这句活讲得很有道理，孩子生长的家庭环境和父母的教育，对孩子的成长具有深刻而又长远的影响。

那么，如何把爱的种子撒播到孩子心中呢？孩子的爱心不是靠强行灌输，而是通过自然而然的模仿、潜移默化的渗透而逐渐形成的，如同春雨“润物细无声”，是一个由外在到内在、从量变到质变的发展过程。

有个学生名叫赵敏超，他生来双腿残疾，平时靠轮椅行走，行动十分不便。在四年级的新学期，因为搬家，他转到育新小学四（3）班。他担心自己不能适应新的环境。

开学第一天，赵敏超来到教室，看到的是一张张笑脸。班里为他开了欢迎会，还宣布成立一个护送小组，每天负责接送他上下学。同学们说：“我们要让赵敏超在新的集体里愉快地生活。”赵敏超觉得心里热乎乎的。

从这以后，赵敏超每天上学、放学都有同学护送，课间有同学陪伴他，帮助他上厕所。

春天到了，同学们谈论着春游的事，赵敏超却在一旁不吭声。班长徐阳一眼看出了他的心事，安慰他说：“赵敏超，你放心，我们春游时绝对不会丢下你的。”

春游这天，同学们轮流推着赵敏超。赵敏超和大家一起欣赏着春天的美景，心情特别舒畅。开始做军事游戏了，赵敏超说："你们都去吧，我在山脚下给你们看管东西，看你们做游戏，我也一样高兴。"同学们向他投去感谢的目光。

同学们的爱温暖了赵敏超的心，他在新的集体中愉快地生活，幸福地成长。

要想使孩子的心灵溢满友爱，并且让这种健康的心理伴随孩子一生，父母们的不妨尝试一下如下手段：

1. 重视父母的榜样作用

常言说得好："近朱者赤，近墨者黑。"家庭教育的显著特征，就是潜移默化的熏陶。父母应从日常生活中的点滴小事做起，创树表率，循循善诱，以事明理。

一家三口在车站等车，见车一到。孩子第一个冲了上去，嘴里还大声嚷着："爸爸妈妈，快点儿，我给你们占了个座。"上车后他们并没有就此坐下，而是把座位让给了一个腿脚不很便利的中年人。事后，妈妈对孩子说：今后乘车一定记住要像爸爸妈妈这样做到文明乘车，既不要抢占座位，还要积极主动地为老年人、孕妇或残疾人让座。

一位双腿残疾的乞讨者，身体在右手的用力挪动下慢慢地向前移动，左手拿着一个破瓷缸，瓷缸的底部零散地放着几枚硬币和几角零钱。他嘴里不停地念叨着："行行好，帮帮忙吧！"一个孩子在妈妈的带领下快速把自己手里的钱放到了残疾人的瓷缸中，乞讨者连连称谢。

2. 让孩子在合作中奉献爱心

日常生活中，家人互相影响着。这些影响，可以是每个人良好行为的基础，好比爸爸妈妈是孩子的模范，家庭是社会的模范等。

从许多方面来说，孩子的言行会受到邻居、学校、生活场所和其他团体等的影响，事实上，学会如何与他人合作，将使孩子踏入社会后，能在大环境中更好地与人相处，能和别人一起达成共同的目标。孩子越能将自己融入小组活动中，越受邻居、朋友、同事的欢迎。

3. 创造机会，进行爱心教育

家长在注重榜样力量的同时，还应给孩子爱的机会。不妨放开你的手，让孩子帮帮你，让他有爱别人的机会。父母生病了，让孩子来照料；父母下班累了，让孩子帮忙做些家务……让孩子在被人爱的同时感受温暖、快乐，并由此学会爱别人，帮助别人。

魏女士说，前不久儿子的学校召开班会，让孩子回家给父母洗脚，培养孝心。孩子放学回家后，把学校老师的要求向魏女士夫妇说了。魏女士一听笑了笑说：儿子变懂事了，洗脚就算了吧。儿子却执意要洗，丈夫向魏女士使了使眼色，魏女士豁然明白了。儿子高高兴兴地完成了他的洗脚作业。事后，魏女士的丈夫对她说：儿子要表达自己的孝心，我们一定要给他机会，还要积极地创造机会才行。

4. 体验爱，学会爱

只有懂得爱的人才会欣赏爱，理解爱。要对孩子进行爱心教育，通过让他们亲身体验被爱的感觉，从而学会付出爱是非常有效的一种做法。爱是人类最美丽的语言，通过爱心教育，孩子得到了爱的满足和学会从爱别人中得到快乐。让我们共同营造出一个良好的爱的氛围，让孩子的爱心在这个充满爱的世界中健康快乐地成长。

对孩子从小进行理财教育

俗话说，富不过三代。父辈祖辈即使留下了再多财富，如果孩子不思进取，只会挥霍，就算有金山银山，迟早也要被败光的。所以，不要说富人了，就是普通的家庭，也应该从小培养孩子理财的好习惯，帮助他树立正确的赚钱、消费、储蓄的观念。不过，这些对家长来说，还是有一定难度的，特别是那些花钱大手大脚，习惯和同龄人攀比的城市里的孩子，应该教他们学会理财。金钱是一把双刃剑，富裕的生活本身有益无害，但如果缺乏完善、正确的价值观指导，就有可能对孩子产生负面的影响。

在当今竞争激烈的社会，一个人要想获得成功，智商、情商和财商都要高。智商是一个人学习知识的能力，情商是一个人处理社会关系的能力，财商是一个人管理金钱的能力。我们家长往往只注重培养孩子的智商，让孩子参加各种补习班，学习那些有用（或没用）的知识，而忽略了孩子的情商和财商教育，结果把孩子培养成了只会读书的“书呆子”。看看我们周围的“月光族”“啃老族”，看看那些大学没有毕业就欠债的“卡奴”，我们就明白理财教育有多么重要了。

让孩子从小学习理财，会给孩子未来的成长带来很多好处。从短期的效果看，会养成孩子不乱花钱的习惯；从中期的效果看，会养成孩子投资的能力和处理人际关系的能力；从长期的效果看，会养成孩子独立的生活能力和家庭责任感，成为一个对社会和家庭有用的人。此外，孩子在学习到更多的理财知识后，便会明白“天上不会掉馅饼”的道理，长大后也就不容易受到欺骗，增强了孩子的自我保护能力。

美国儿童的理财教育从孩子很小的时候就开始了，同时也得到了政府的重视。由教育部资助，美国34个州的3000所中小学生家长参加了一项庞大的储蓄计划——“为美国而储蓄”计划。

美国儿童理财教育最主要还是来自家庭和学校。从孩子踏进幼儿园起，孩子们就会接受有关理财概念。他们会知道钱是什么以及钱在生活中是何等重要。鼓励孩子打工是教会孩子处理财务的重要手段之一，美国每年大约有300万中小学生在外打工。人们常常将自己不需要的东西拿出来拍卖，而小孩也会将自己用不着的玩具摆在家门口出售，以获得一点收入。此外，许多学校都在开设相关的课程，鼓励学生研究证券市场、投资理财、信贷业务。

“股神”巴菲特还亲自教儿童理财。他在“美国在线”主持了一个卡通节目《神秘百万富翁俱乐部》，专门教孩子理财，小朋友可在其中“学习理财课程，在商业领域中探险”。据悉这是巴菲特自己想出的点子，并亲自为节目定名。

除了美国，以色列也一样。犹太人对孩子的理财教育很有一套，特别是北美的犹太人。

英国人的理财教育方针是提倡理性消费，鼓励精打细算，并且把这种理财观念传授给下一代。在英国，儿童储蓄账户越来越流行，大多数银行都为16岁以下的孩子开设了特别账户，有1/3的英国儿童将他们的零用钱和打工收入存入银行和储蓄借贷的金融机构。

英国政府最近又公布了一系列新的教学改革计划，根据这一系列计划，从2011年秋季开始，储蓄和理财将成为英国中小学学生的必修课。

英国儿童事务大臣保尔斯说，儿童从5岁开始就要接受理财教育，搞清楚硬币和纸币的区别，要懂得钱的不同来源，并懂得钱可以用于多种目的；7～11 岁的学生要学习管理自己的钱，认识到储蓄对于满足未来需求的作用，学习如何管理银行和储蓄账户、如何做预算。

瑞士的小学里虽没有理财课程，却有一些实习内容，比如一个学期里专门有那么一天让小学生到任意一家公司或店铺里打工，体验工作赚钱的艰辛。另外，学校还会定期组织模拟市场，让同学们从家长那儿“进货”，当然，也就是一些吃的喝的等小玩意儿，然后再拿到学校来卖。

孩子们赚到的钱就用作出去露营、参观等活动的经费。每逢节假日，瑞士的一些中小学生会拿着自制的小食品和手工艺品到集市或大街上叫卖，路人一般也都很支持他们，多少会买一些。这叫勤工俭学也好，叫体验生活也罢，总之瑞士的家长从小就会给孩子灌输自食其力、勤俭节约的思想。实际上，这也是瑞士的一大民族特色。

从以上的例子可见，世界各国都提倡孩子从小培养理财理念。作为父母应该如何引导孩子理财呢？

其一，父母自己要有理财意识和科学理财方法，要有良好的节俭习惯，为孩子做出榜样。都说家长是孩子最早的启蒙老师，花钱大手大脚、不会节俭的父母很难教会孩子如何科学地理财。

其二，家长可以让孩子一起参与制订家庭财务计划。财务计划就是有效地掌握自己手中的钱财，无论赚多少钱，都应该让钱财为生命中的每一阶段提供最大的安全保障，或者最合适的生活方式。由于人生的不同阶段会有不同的财务需要，所以家庭要有财务计划。让孩子参与其中，帮助他们体会知道生活要有计划，需要节制，不能无度挥霍。

其三，让孩子了解家庭财务计划，并学会记账。让孩子知道家里近期、中期、长期需要的支出有哪些方面，学费要多少钱？收入多少，支出是多少，有多少剩余？孩子手中要有一个记账本，随时记下家中的收支项目，让孩子了解家庭的日常开销和收入以及赚钱的方法，让孩子知道和体验赚钱的艰辛。

其四，家长也可以与孩子签订一份“零用钱合同”，如：“甲方按月支付乙方零用钱60元，其中20元用于购买书籍，20元公交车费，10元自由支配，其余10元存入银行……乙方若无节制地花钱造成透支，甲方有权在下一月将其零用钱减半；乙方若坚持每月存款10元，一年后甲方将给予乙方与存款相同数目的奖金作为奖励。”签订“零用钱合同”是西方很流行的让孩子学会自我管理、自我约束的方法。这是理财教育，更是孩子心理素质的锻炼。但合同内容不宜定得太死，要让孩子有自己安排的空间，给他自己统筹安排的锻炼机会。

其五，和孩子一起学习掌握基本的金融知识与工具，使孩子懂得既要合理合法地赚钱，又要有良好的消费习惯。同时，给孩子提供亲身体验理财的实践过程，正确对待金钱，形成正确的理财观、道德观和劳动观。

对孩子进行必要的性教育

有的父母认为，对孩子提出的性问题，最好什么也不说，沉默或者打岔才是最好的办法。

一位母亲说：我自己总相信孩子长大以后就什么都懂了。我父母从来都没有直接给我讲过性知识，这倒不是因为他们保守，而是觉得没有必要。水到渠成嘛，性知识并不是非“启齿”不可。我不就这样过来了？我也不准备对自己的孩子说什么。

这样的态度，实际上就是一种“驼鸟”式的教育，即当孩子提出问题以后，父母往往保持沉默，或者回避问题。生活中有很多父母希望对孩子的提问保持沉默，在他们看来，对孩子讲多了性知识肯定不是什么好事，认为那是有意“惹”他们。但这样闭口不谈性，往往会使孩子觉得，性是不能谈论的话题，是丑陋的事情，从而形成对性持否定态度的价值观念。

渐渐地，孩子也就不再向父母提出性问题。他们会认为大人根本不想谈这方面的问题，而且他们会感到性是应该禁忌的话题。父母和孩子之间越是回避“性”话题和交流，孩子就会越觉得那是一件不该启齿的事，但是他们的兴趣却与日俱增。一些性问题成了他们比较感兴趣的事情。在这种情况下，孩子只会越来越神秘。

一个男孩的母亲对此有亲身体会：

儿子刚升小学五年级，很好问，提的问题经常涉及到性知识，令我和他爸都很难堪。我们曾密谋如何对付这难题，但我们两人分歧很大。他爸认为儿子年纪还小，能搪塞就搪塞过去，等他长大了自然会晓得。可儿子偏对其中的“疑点”发问不止，就连我洗澡，他也敲门想跑进来看个究竟。在儿子面前，我和他爸小心翼翼地生活着，真害怕露出“性”的蛛丝马迹。我们活得很累，担心尤甚，害怕因为我们的反常举动，让儿子对女人产生神秘感，这同样不是件好事情。

一次看电视时，儿子又发问了：“‘苏菲’怎么用？”我就胡扯一通：“这是女性的曲线，您看，这很美。”儿子听后吃吃地笑道：“这是女人的卫生巾，男孩子有什么不知道的？”这时，他爸把我叫到一旁，很紧张地说：“我们越遮掩，他越感兴趣，还不如趁早告诉他，免得他走入歧途。”

王女士头几天遇到了棘手的事情：

王女士的女儿妮妮，是一个超级可爱的5岁小女孩。她的脑子里装着不止十万个为什么。有一天，妮妮煞有介事地向在一旁洗耳恭听的奶奶解说她的前生和今世，实在是可爱之极。

“奶奶，你知道我是怎么来的吗？我告诉你啊，有一天，我爸爸把一颗精子放进了我妈妈的肚子里，遇上了我妈妈肚子里的一颗卵子，变成了一个小胚胎，那就是我。那时候，我还很小很小的。我在妈妈的肚子里长啊长啊，长到妈妈的肚子装不下我时，我就想出来了……可是，我长得太大了，怎么也出不来。于是，医生就用一把刀子把妈妈的肚子剖开，把我取出来喽！然后，我就慢慢长大成了现在的样子！”

这就是一个小孩子眼里的生命孕育过程，非常的简单，却也非常的形象。关于精子和卵子的故事，王女士自己也不知道是什么时候说给女儿听的了。省略号以后的情节是妮妮在大人一起谈论当时的生产情形时记住的。妮妮自作主张地把两段情节结合了起来，也算能自圆其说，真是聪明。

过了两天，王女士才知道关于生命起源的讨论并没有结束。

那天她说想起了一个很重要的问题：“等放暑假了，小努哥哥来了，我们怎么睡得下呀！”然后出了一个馊主意：“我跟小努哥哥睡，小姨、姨丈、爸爸和妈妈一起睡大床！”

当场晕死！我只好狼狈不堪地说到问题的关键：“宝贝，男的和女的是不能随便睡在一张床上的，他们必须是两个相爱的人，结成夫妻，才可以睡在一张床上。”

“那什么叫夫妻呀！”

“夫妻啊，就是相爱的人，结了婚，组成了一个家庭。男的是女的丈夫，女的是男的妻子，他们俩会生宝宝，那么他们就是那个宝宝的爸爸妈妈……”天哪，我把自己都给说糊涂了。

要命的是，有一天，她说她又想起了一个重要的问题：“妈妈，爸爸到底是怎么把精子放进你的肚子的呢?”

我顿时语塞。瞠目结舌之余，我万分艰难地对她说：“宝贝，你这个问题问得很好，可是至于怎么回答你，我得去请教专家……”

生活中经常会遇到这样的问题，孩子很小，对生命的孕育不清楚，需要父母去解答，但是父母又羞于启齿，总是敷衍了事。

其实，远在春秋战国时期，古人已经认识到人的培养是长期的艰巨的工作。常言道：“十年树木，百年树人。”树木在春天焕发出蓬勃生机，人在青春期生理上渐渐成熟，走向社会。青春期教育对人的一生的成就有着极其重要的影响。孩子是祖国的未来，民族的希望。重视对孩子进行青春发育期的教育，不仅关系到孩子的健康成长，而且关系到国家的前途、民族的兴衰。

国外性教育也是很早就开始了。

瑞典：对7岁以上的孩子进行性教育，教师采用启发式、参与式和游戏式，把重点放在恋爱、结婚与人际关系的处理上。通过与孩子们交流，让他们知道“性”究竟是怎么回事。

荷兰：从孩子6岁进小学时就开始性知识教育，与学其他课程一样，没有什么特别，孩子们还可以自己做研究报告。青少年第一次发生性行为的实际平均年龄是17岁。

英国：所有公立中小学根据“国家必修课程”的具体规定来进行性教育，按不同年龄层划分为四个阶段：5~7岁，主要初步了解人体各器官的名称，知道人类可以孕育下一代，并能区分他们身体上的异同等；8~10岁，主要掌握人类生命各周期的主要阶段，包括生殖、生长发育等；11~13岁，懂得青春期所带来的各种生理和心理变化，及什么叫月经和受精等；14～16 岁，学习生殖激素对人体的作用，医学上使用生殖激素来控制和提高生育力的情况和决定男女性别的因素等复杂问题。除了这些必修内容以外，各学校还根据学生的特点适当地增加有针对性的内容，如性健康、人与人之间的关系、情感释放、肢体语言等。

美国：有 95% 的公立学校在性教育的课程中讨论艾滋病及其他性传播疾病的防治，有接近一半的学校教学生避孕知识和提供避孕器具。最近 10 年里，有 1/3 的学校增加了禁欲的教育，提倡将性行为推迟到婚后。

芬兰：从 20 世纪 70 年代开始，性教育就进入了芬兰中小学的教学大纲，连幼儿园也有正面的性教育图书。设立了性教育咨询电话、儿童保护机构等，随时为青少年提供帮助。芬兰有本性教育书《我们的身体》，家长可以像讲《一千零一夜》那样每天讲一节，性教育就自然而然地开始了。

由此可见对孩子进行性教育势在必行，父母在其中起着非常重要的作用。青春期的孩子性器官逐渐发育成熟，出现了男性或女性的特征，生理和心理发生急剧的变化。在这一时期他们有许多问题希望得到解答、指导和帮助，他们的好奇心往往促使他们迫切地寻找答案。

而这个时候父母不帮助孩子解决疑惑，很可能他会被引到错误的道路上去。现在很多省市小学的课本上都开设了生理课。但是不能完全依赖学校，家长是孩子的第一教师，家长的责任很重大的。父母可以在第一时间对孩子进行性教育，这样有助于孩子健康人格的发展。

那么，父母如何对待孩子的性活动呢？

孩子的性活动是无意识的、不稳定的，甚至是盲目的，父母应赶快采取恰当的方式帮助孩子纠正。

不要让孩子和父母同睡一床，以避免因父母在睡眠中无意触碰到孩子的性兴奋区而诱发孩子的性感觉。

应丰富孩子的活动，使之多样化、趣味化。培养孩子的多样爱好，使孩子把心思和精力都用在他所感兴趣的活动上，如绘画、玩智力游戏等。

尽量减少环境中诱发性活动的刺激，父母自己行为需检点，孩子的内衣内裤应宽松些，不要让孩子从事有可能刺激性感区的刺激，如爬树、抱枕头等。

对于年龄较大的孩子，父母可以适当地传授一些性的常识，在平时谈话中多加引导，可运用故事、比喻等方式来说明生育、恋爱等方面的现象。

当父母发现孩子与孩子之间有互相观看、相互触摸等性游戏时，应及时加以阻止，但要注意方法，不要训斥、打骂，而要说明道理，正确引导。

如果孩子确实克服不了这种不良习惯，影响了正常生活，父母应与医生联系，共同查找根源，消除隐患。

当孩子问到性问题时，父母应该如何去做？

1. 不欺骗孩子

许多父母仍然对性的问题比较保守，喜欢以“谎言”回答孩子的提问。大多数孩子在受了欺骗之后，随着年龄的增加，慢慢会识破成年人的谎言，但成年人的做法却有可能让他们也变得虚伪、不诚实，同时也会让他们感到，在性的问题上是不能说真话的。另外，成年人一些不恰当的玩笑，也会使孩子对性知识有误解，这需要父母特别注意。

2. 如实回答

当孩子向你提问时，尽量如实回答，不要遮遮掩掩。如果当孩子向您提的问题，对您来说是陌生的，甚至您自己也存在疑问，遇到这样的情况，不必紧张，只要把自己的真实情况告诉孩子就行。例如，可以对孩子说："这个问题妈妈也没有弄懂，不如我们俩一起去查查资料吧。"

3. 准备一本性知识的书

家中如果有一个青春期的孩子（10～20岁），一般都需要准备一本性知识的书。当然，要尽量选择专家写的较为权威的小册子。这样，当父母无力回答性问题时，可从容地让孩子看书。

此外，应用科学名词解释男女的生殖器，并告诉孩子如何保护它，不能随便玩弄。

回答孩子的问题时，不要超过孩子的好奇范围和理解能力，就具体问题回答，不要过深过细，应当通俗易懂，充满自信。

回答问题时，应坚决果断、简洁明了，应在语气中表现出权威的、结论性的含义，不要引申，也不宜鼓励孩子引发联想。